APA POCKET GUIDES

FLORIDA: MIAMI UND DER SÜDEN

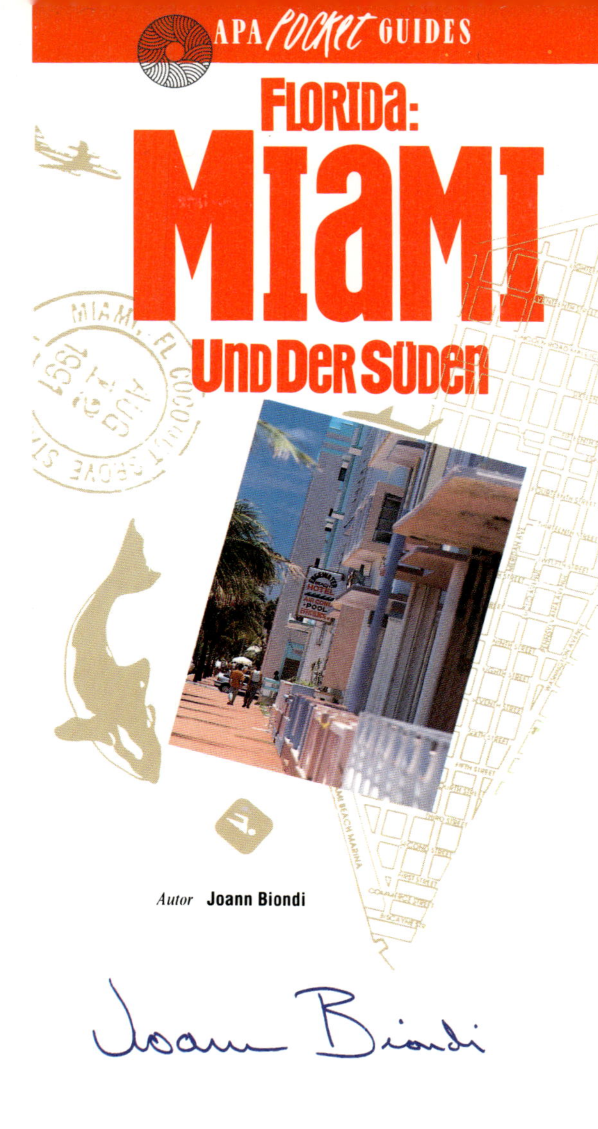

Autor **Joann Biondi**

Insight Pocket Guide:

Florida: Miami und der Süden

Autor
Joann Biondi

Fotografiert von
Tony Arruza

Herausgeber
Hans Höfer

Erste Auflage

APA Publications (HK) Ltd, 1993

Vertrieb:
GeoCenter
Verlagsvertrieb GmbH,
München
ISBN: 3-575-21775-0

Druck:

Höfer Press (Pte) Ltd, Singapur

Willkommen! Ich lebe seit 1974 in Miami und bin noch immer vom Charme dieser Stadt überwältigt. Selbst nach kurzen Reisen sage ich stets: Gottseidank wieder zu Hause in Cocunut Grove.

Miami ist eine Weltstadt im buchstäblichen Sinn: Es riecht hier manchmal nach Knoblauch und schwarzen Bohnen, es klingt wie in einer karibischen Tanzhalle und schaut aus, wie in einer Metropole der Dritten Welt. Es ist schnell und doch langsam, sanft gewellt und doch felsig. Es ist süß und salzig, reich und arm. Ein subtropischer Edelstein, gefaßt von ruhigen Gewässern, deren Wärme mir das Gefühl vermittelt, ich sei im Mutterleib.

Es gibt viele Arten von Menschen in Miami und sie sind sehr tapfer. Als der Hurrikan Andrew hier 1992 mit 250 Stundenkilometern und einer 3,60 Meter hohen Welle hindurchfegte, waren die Zerstörungen ziemlich schlimm. Aber die Leute überlebten mit Humor und gebrauchten ihren Grips. Die neuen Bäume, auch jene in meinem Vorgarten, werden nicht so schnell wieder ihre frühere Größe erreichen, aber Südflorida erstrahlt schon wieder in neuer Pracht.

Ich freue mich daher ganz besonders, Sie mit diesem Pocket Guide als Gäste begrüßen zu dürfen. Ich beginne mit drei ganztägigen Ausflügen zu den beliebtesten Sehenswürdigkeiten: dem Art-Déco-Distrikt von Miami Beach, der Innenstadt von Miami und ins berühmte Coconut Grove. Dann gibt es noch ein paar Halbtagesausflüge zu weniger bekannten Plätzen sowie zwei Exkursionen in die Umgebung: in die Everglades und nach Key Largo. Alles ist für Sie vorbereitet, sogar das Essen in ausgewählten Restaurants.

Natürlich gibt es auch eine Menge Insider-Tips, zum Einkaufen, zum Speisen, fürs Nachtleben und viele andere praktische Informationen. Ich hoffe, daß Sie eine der faszinierendsten Städte Amerikas ebenso lieben werden wie ich, wenn Sie wieder nach Hause fahren.

Joann Biondi.

Inhalt

Wissenswertes

Karten

SAXONS

PERSTARS
GOOMBAY
UCE BE

Frühe Jahre

Miami ist eine sehr junge, lebendige Stadt voller Sonne, die ihre Besucher mit offenen Armen empfängt. Hier leben gesellige, fröhliche Menschen aller Rassen, für die Musik, Tanz und schönes Wetter selbstverständlich zu sein scheinen.

Florida-Indianer

Wie es dazu kam, das ist schnell erzählt. Am Anfang gab es die Indianer. Bevor die europäischen Eroberer hier mit ihren Schiffen anlegten, hatten Seminolen schon seit Jahrhunderten den dichten Regenwald Südfloridas bewohnt. Ihr Leben war einfach, und sie befanden sich im Einklang mit der Natur. Ihre Werkzeuge stellten sie aus Muschelschalen her, und sie ernährten sich von den Tieren, welche sie in der Umgebung fanden.

Aber im Jahre 1513 änderte sich das. Ein Spanier namens Ponce de León, der die Quelle der Jugend finden wollte, landete mit seinem Schiff in der Biscayne Bay. Und wie es mit den habgierigen Eroberern so zu gehen pflegte, war dies die erste von etlichen gewalttätigen Begegnungen.

Während der nächsten 50 Jahre gaben sich die Spanier jede Mühe, das Land und seine Bewohner zu „erobern". Dann kamen die Franzosen und die Engländer und versuchten das gleiche. Im Jahre 1763 endete der Siebenjährige Krieg mit einem Sieg der Briten, aber bereits 20 Jahre später tauschten die Spanier die englische Provinz Florida gegen die nahegelegenen Bahamas ein.

Julia Sturtevant Tuttle

Um 1800 konnten aus dem Süden fortgelaufene Sklaven hier prächtig untertauchen, und um das Jahr 1822 richteten die USA das Gebiet als Territorium ein. Amerikaner beanspruchten das Land entlang des Flusses Miami, was natürlich eine Reihe indianischer Angriffe provozierte. Berühmt wurde das „Dade Massacre", bei dem Major Francis L. Dade starb, nach dem auch das County benannt ist.

Zwischen 1860 und 1870 wurden im heutigen Miami die ersten Claims der weißen Siedler abgesteckt. Viele Straßen tragen noch heute ihre Namen.

William B. Brickell aus Ohio kaufte Land am Miami-Fluß. Ralph M. Munroe aus Staten Island, New York, ließ sich dort nieder, wo sich heute Coconut Grove befindet.

Man brachte Leute von den Bahamas hierher, die mit ihrem Wissen über die Tropen helfen sollten, die Stadt zu bauen. Flora McFarlane richtete die erste Bibliothek ein.

Julia Tuttle, die Tochter des frühen Siedlers Ephraim T. Sturtevant, spielte eine wichtige Rolle in Miamis Entwicklung: In einem sehr strengen Winter, als Palm Beach unter starkem Frost litt, schickte sie Henry M. Flagler, dem Besitzer der Eisenbahnlinie nach Palm Beach, einen Strauß frischer Orangenblüten. Das brachte den Mann dazu, seine Eisenbahnlinie bis ins warme Miami weiterzubauen, und 1896 fuhr der erste Zug ein. In diesem Jahr wurde Miami zur Stadt erklärt.

Der Boom um 1900

Die ersten Jahre des 19. Jahrhunderts bedeuteten Wachstum für das Gebiet. Government Cut, das spätere Port of Miami, wurde aus-

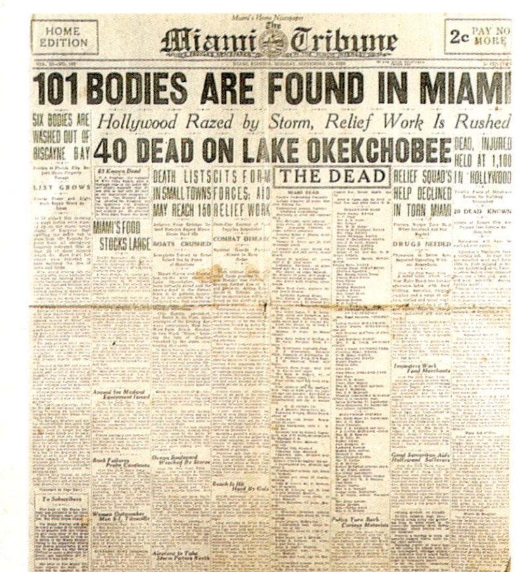

HOME EDITION

The Miami Tribune

2c PAY NO MORE

101 BODIES ARE FOUND IN MIAMI

SIX BODIES ARE WASHED OUT OF BISCAYNE BAY

Hollywood Razed by Storm, Relief Work Is Rushed

40 DEAD ON LAKE OKEKCHOBEE

DEAD, INJURED HELD AT 1,100 IN HOLLYWOOD

DEATH LISTS IN SMALL TOWNS MAY REACH 150

CITS FORM FORCES; AID RELIEF WORK

THE DEAD

RELIEF SQUADS HELP DECLINED IN TORN MIAMI

MIAMI'S FOOD STOCKS LARGE

Der brutale Hurrikan von 1926

gebaggert, und es schossen in Miami Beach die Ferienhotels wie Pilze aus dem Boden. Reiche aus ganz Amerika begannen damit, ihre Luxusvillen an der Küste zu bauen, wie zum Beispiel James Deering seinen Renaissance-Palast von Vizcaya.

In den wilden Zwanzigern wurden Gemeinden wie das im mediterranen Stil erbaute Coral Gables aus dem Boden gestampft, und es wurde die Universität errichtet. Aber das Jahr 1926 brachte auch einen der schlimmsten Hurrikane, der die Stadt je heimgesucht hatte: Schiffe sanken, Gebäude wurden beschädigt, und 100 Menschen starben. 1935 wiederholte sich dieses Desaster. Gegen Ende der dreißiger Jahre jedoch war die Stadt neu erblüht – die weltberühmten Art-deco-Hotels am südlichen Zipfel von Miami mit ihren Streifen und geometrischen Mustern, Neonröhren und bunten Pastellfarben waren entstanden, über 500 an der Zahl. Scharen von Touristen bevölkerten die schrulligen, bonbonfarbenen Bauten und tanzten zu den Klängen der Big Bands.

Während des Zweiten Weltkriegs wurden viele dieser rosafarbenen Touristensilos in Lazarette und Kasernen verwandelt; Soldaten, die hier ausgebildet oder kuriert wurden, bevölkerten die Stadt. Währenddessen wagten sich deutsche U-Boote bis dicht vor die Küste. Aber sofort nach Kriegsende wurde Miami Beach wieder zum Sandkasten der Reichen, die (illegale) Spielleidenschaft machte etliche der berüchtigtsten Gangster Amerikas unvorstellbar reich. Auch flohen viele Juden vor den bitterkalten Wintern des Nordostens und setzten sich in diesen wärmeren Gefilden endgültig zur Ruhe.

Fidel Castro

Und die fünfziger Jahre brachten noch mehr Tourismus, noch mehr Hotels, aber diesmal mit gewaltigen kristallenen Kandelabern und Marmorböden – darunter die berühmten Häuser Fontainebleau oder Eden Rock, die einer reichen Elite rund um die Uhr vollklimatisierten Luxus und jede Menge Vergnügungen versprachen. Die Bevölkerungszahl wuchs rapide und überschritt die Millionenmarke.

Eine alte Ansichtskarte aus Miami Beach

Fidel Castro

Gegen Ende der fünfziger Jahre fand jedoch eine drastische Veränderung statt: Ein Revoluzzer mit wehendem Bart wagte es, die nahegelegene Karibikinsel Kuba zu besetzen, und das sollte auf Miami ebenso starke Auswirkungen haben wie auf Havanna selbst.

Präsident Fidel Castro, der sich selbst einen Sozialisten nannte, schockierte die westliche Welt. Da er den Privatbesitz verstaatlichte, flohen die reichsten Kubaner und ließen sich in Miami nieder, was wegen der Nähe und dem ähnlichen Klima logisch schien. In den folgenden Jahren flüchteten Hunderttausende Kubaner auf sogenannten „Friedensflügen“ nach Miami und baten um politisches Asyl. Dies war der Grundstein für die Wandlung der Stadt vom Urlaubsparadies zur geschäftigen Metropole, die von manchen bald „Hauptstadt Lateinamerikas“ genannt wurde.

Die erste Welle kubanischer Flüchtlinge

Der vom CIA unterstützte Versuch einiger Exilkubaner, mit einer Invasion in der Schweinebucht 1961 Castro zu stürzen, schlug fehl. Im Jahre 1962 stationierte die UdSSR Mittelstreckenraketen auf Kuba, was fast eine militärische Auseinandersetzung der Supermächte provozierte. Die sogenannte Kubakrise endete erst, als John F. Kennedy versprach, daß er keinen Versuch machen würde, Kuba zu erobern. Miamis Kubaner mußten sich schließlich mit dem Gedanken anfreunden, daß sie so bald nicht in ihre Heimat zurückkeh-

Ostermesse in Little Haiti

ren würden und daß Familientreffen nur in Miami stattfinden könnten.

Während der sechziger Jahre ließen sich die Exilkubaner westlich der Innenstadt in einem ehemals englischen Viertel nieder, das sie bald *Little Havana* nannten. Sehr schnell aber war ihr Einfluß in ganz Miami zu spüren. Bei den Kubanern der sogenannten ersten Welle handelte es sich um eine Elite von Fach- und Geschäftsleuten, die wertvolle Fähigkeiten und oft auch Gegenstände mitbrachten, die es ihnen ermöglichten, kleine Geschäfte zu eröffnen: Dienstleistungsbetriebe, Cafeterias, Zigarrenmanufakturen, mit deren Hilfe sie ihre Klientel von Exilanten versorgten.

Es war diese erste Welle dynamischer Kubaner, die später Tausende von Einwanderern aus Zentral- und Südamerika anzog und damit der Stadt ihr spezifisches lateinamerikanisches Flair verlieh. In Miami fanden die hispanischen Immigranten die Arbeit, die es zu Hause nicht gab, und sie brauchten dazu nicht einmal Englisch zu verstehen.

Das verlorene Paradies

Der Beginn der siebziger Jahre brachte positive Entwicklungen: Die *Miami Dolphins*, eine Football-Mannschaft, waren das absolute Spitzenteam, Präsident Richard M. Nixon verbrachte seinen Urlaub in Key Biscayne, und die Kubaner fügten sich in die amerikanische Gesellschaft ein.

Aber die folgende Rezession traf Miami sehr hart: Die Arbeitslosigkeit kletterte auf 13 Prozent, viele bedeutende Bauvorhaben mußten eingestellt werden, und die Banken hatten große finanzielle Schwierigkeiten.

Viele Haitianer, auf der Flucht vor Armut und Diktatur, begannen in zerbrechlichen, hölzernen Booten nach Miami zu segeln und wurden keinesfalls mit so offenen Armen empfangen wie die Kubaner, denn sie flohen ja nicht aus einem kommunistischen Land. Am schlimmsten war es aber für die Amerikaner afrikanischer Abstammung. Diese verloren am ehesten ihre Jobs, da sie kein Spanisch sprachen

Auf der Flucht nach Miami

und sehr leicht durch neue Einwanderer ersetzt wurden.

1980 wurde ein weißer Polizist von der Anklage freigesprochen, einen schwarzen Versicherungsvertreter ermordet zu haben. Daraufhin brachen in der vornehmlich von Schwarzen bewohnten Liberty City Unruhen aus, bei denen 18 Menschen getötet und gewaltige Zerstörungen angerichtet wurden.

Etwas später im gleichen Jahr erhielten 125 000 Kubaner von Castro die Erlaubnis, das Land mit Schiffen vom Hafen Mariel aus zu verlassen. Miamis Kubaner waren begeistert, aber die amerikanische Regierung fand schnell heraus, daß es sich hauptsächlich um Verbrecher und Geistesgestörte handelte, die Castro lediglich loswerden wollte.

Ebenfalls in diesem Jahr wurde der Körper des früheren Präsidenten Nicaraguas, Anastasio Somoza, auf einem Friedhof in Little Havana verbrannt–viele Nicaraguaner suchten in Miami politisches Asyl.

In den frühen Achtzigern sahen die Zukunftsaussichten in Miami recht trübe aus – viele Anglo-Amerikaner verließen die Stadt, um „amerikanischer" zu leben. Damals kursierte der Spruch: „Der letzte Amerikaner möge bitte die Flagge mitbringen!"

Coconut Grove: bahamaische Straßenmusikanten

Frühe Jahre

Miami ist eine sehr junge, lebendige Stadt voller Sonne, die ihre Besucher mit offenen Armen empfängt. Hier leben gesellige, fröhliche Menschen aller Rassen, für die Musik, Tanz und schönes Wetter selbstverständlich zu sein scheinen.

Wie es dazu kam, das ist schnell erzählt. Am Anfang gab es die Indianer. Bevor die europäischen Eroberer hier mit ihren Schiffen anlegten, hatten Seminolen schon seit Jahrhunderten den dichten Regenwald Südfloridas bewohnt. Ihr Leben war einfach, und sie befanden sich im Einklang mit der Natur. Ihre Werkzeuge stellten sie aus Muschelschalen her, und sie ernährten sich von den Tieren, welche sie in der Umgebung fanden.

„Miami Vice", ein Geschenk des Himmels für die Wirtschaft

Aber im Jahre 1513 änderte sich das. Ein Spanier namens Ponce de León, der die Quelle der Jugend finden wollte, landete mit seinem Schiff in der Biscayne Bay. Und wie es mit den habgierigen Eroberern so zu gehen pflegte, war dies die erste von etlichen gewalttätigen Begegnungen.

Während der nächsten 50 Jahre gaben sich die Spanier jede Mühe, das Land und seine Bewohner zu „erobern". Dann kamen die Franzosen und die Engländer und versuchten das gleiche. Im Jahre 1763 endete der Siebenjährige Krieg mit einem Sieg der Briten, aber bereits 20 Jahre später tauschten die Spanier die englische Provinz Florida gegen die nahegelegenen Bahamas ein.

Um 1800 konnten aus dem Süden fortgelaufene Sklaven hier prächtig untertauchen, und um das Jahr 1822 richteten die USA das Gebiet als Territorium ein. Amerikaner beanspruchten das Land entlang des Flusses Miami, was natürlich eine Reihe indianischer Angriffe provozierte. Berühmt wurde das „Dade Massacre", bei dem Major Francis L. Dade starb, nach dem auch das County benannt ist.

Zwischen 1860 und 1870 wurden im heutigen Miami die ersten Claims der weißen Siedler abgesteckt. Viele Straßen tragen noch heute ihre Namen.

William B. Brickell aus Ohio kaufte Land am Miami-Fluß. Ralph M. Munroe aus Staten Island, New York, ließ sich dort nieder, wo sich heute Coconut Grove befindet.

Zeittafel

v. Chr.

500 Indianer, die wahrscheinlich aus Amerikas Nordwesten kamen, besiedeln die fruchtbare Umgebung des heutigen Miami.

n. Chr.

1513 Juan Ponce de León „entdeckt" Florida (Biscayne Bay).

1763 Nach dem Ende des Französisch-Indianischen Krieges und 200 Jahren spanischer Herrschaft wird Florida britische Kolonie.

1784 England tauscht mit Spanien Florida gegen die Bahamas ein.

1821 Die USA gewinnen die Kontrolle über Florida, und Hunderte von flüchtigen Sklaven lassen sich in der Gegend nieder.

1835 Wehrhafte Seminole-Indianer verursachen das „Dade Massacre".

Um 1870 William Brickell kommt nach Miami, in Coconut Grove wird das erste Postamt eröffnet.

1896 Julia Tuttle „becirct" Henry M. Flagler, seine Eisenbahnlinie nach Miami zu verlängern. Miami erhält den Status einer Stadt.

1915 Miami Beach wird ebenfalls Stadt, Kasinos, „Cabanas" und Cafés sprießen aus dem Erdboden.

1917 Der Erste Weltkrieg verwandelt Miamis Dinner Key in einen Luftwaffenstützpunkt.

Um 1920 Die wilden Zwanziger bringen einen Bauboom, der mit Bevölkerungswachstum und einer Modernisierung einhergeht.

1926 Miami erlebt einen schlimmen Hurrikan, in dem über 100 Menschen sterben.

1936 Das erste *Orange Festival* begründet die Tradition der jährlichen *Orange Bowl Parade.*

1942 Der Zweite Weltkrieg bringt erneut das Militär nach Miami, Hotels werden in Kasernen und Hospitäler verwandelt.

1950er Tourismus-Boom; große Hotels, illegale Spielhöllen und Verbrechersyndikate entstehen

1959 Die kubanische Revolution verändert das Gesicht der Stadt, als Kuba unter Präsident Fidel Castro kommunistisch wird. In den folgenden Jahren lassen sich Hunderttausende kubanischer Flüchtlinge in Miami nieder.

1961 Kubanische Exilanten versuchen, angestachelt vom amerikanischen Geheimdienst, Kuba in ihre Gewalt zu bringen. Die „Invasion in der Schweinebucht" scheitert jedoch, fast 100 Menschen müssen sterben.

1962 Im Verlauf der Kubakrise droht Kriegsgefahr, aber Präsident John F. Kennedy verspricht, Kuba nicht erobern zu wollen. Den Exilanten wird allmählich klar, daß Miami für sie nicht länger nur eine vorübergehende Heimstatt darstellt.

Um 1970 Die Rezession erschüttert Miami. Präsident Richard Nixon macht gerade Urlaub in Key Biscayne, als vier Einwohner von Miami den berüchtigten Watergateskandal aufdecken.

Die politischen Zustände auf Haiti verschlechtern sich, und Tausende Haitianer segeln mit häufig seeuntüchtigen Booten nach Miami.

1980 Ein weißer Polizist wird vom Mord an einem Farbigen freigesprochen – dies löst Rassenunruhen aus.

Fidel Castro läßt 125 000 Kubaner nach Miami ausreisen, viele davon sind Kriminelle.

Um 1980 *Miami Vice* wird zum ersten Mal gesendet. Die Stadt wählt ihren ersten kubanischen Bürgermeister: Xavier Suarez.

Präsident Ronald Reagan trifft Johannes Paul II. in Vizcaya.

1992 Der Hurrikan „Andrew" zieht eine Schneise quer durch Südflorida, die 20 Milliarden Dollar Schäden verursacht. Gut 150 000 Menschen werden obdachlos, 35 sterben in den Wasserfluten. Miamis Innenstadt bleibt fast unversehrt.

Die öffentlichen Verkehrsmittel in Miami sind ziemlich dürftig, und da die Stadt eine beträchtliche Ausdehnung hat, gehen wir davon aus, daß Sie sich für die auf den nächsten Seiten folgenden Ausflüge einen Wagen mieten werden.

Die richtige Richtung können Sie stets leicht ermitteln, wenn Sie im Gedächtnis behalten, daß das Meer sich im Osten erstreckt und daß die Sonne von Osten nach Westen wandert. Außer in Coral Gables, wo die Straßennamen auf winzige weiße Steine gemalt sind, kann man Schilder stets gut erkennen.

In den folgenden Tagestouren sind alle wichtigen Sehenswürdigkeiten enthalten, aber auch einige Geheimtips, die Ihnen ein Gefühl der Stadt vermitteln können und die Ihren Aufenthalt zu einem unvergeßlichen Erlebnis machen werden. Sie erfahren Miami mit Herz, Augen und Ohren, denn diese Stadt hat mehr zu bieten als nur einen schönen Strand. Aber natürlich steht es Ihnen frei, auch auf eigene Faust auf Entdeckungsreise zu gehen.

Bei den Restaurants und den Hotels sind zuweilen Preiskategorien angegeben: $ bedeutet unter zehn Dollar, $$ bedeutet über zehn, $$$ über 20 Dollar; der Preis bezieht sich auf eine Mahlzeit für eine Person ohne Getränke.

Die Innenstadt und Bayside Marketplace

Fahrt mit dem Metromover. Durch die Flagler Street zur Metro-Dade Cultural Plaza. Das historische Royal Palm Cottage und der Miami Riverside Walk. Mittagessen auf dem Bayside Marketplace ($), Einkaufsbummel. Happy Hour in den Restaurants Tobacco Road und Firehouse Four.

Der Freedom Tower am Biscayne Boulevard

Zur ersten Tagestour sollten Sie festes Schuhwerk tragen und sich zum Einkaufskomplex **Bayside Marketplace** begeben (401 Biscayne Boulevard, täglich von neun Uhr bis Mitternacht, Tel.: 577-3344). Zwar kann man dieses Innenstadt-Einkaufszentrum auch mit öffentlichen Verkehrsmitteln gut erreichen, aber für den heutigen Tagesausflug sollten Sie einen Mietwagen nehmen. Sie erreichen Bayside, indem Sie Richtung Osten bis zum Biscayne Boulevard fahren und eine der I-95-Ausfahrten zur Innenstadt nehmen. Es gibt ein Parkhaus sowie Parkuhren.

Miamis Geschäftszentrum ist zwar noch nicht einmal hundert Jahre alt, hat sich aber zu einer pulsierenden Metropole mit beeindruckender Skyline entwickelt. Die nachmittägliche Hitze kann auch erfahrene Weltenbummler sehr schlauchen, man sollte sich daher möglichst früh auf den Weg machen. Parken Sie den Wagen in der Nähe der NE 4th Street und gehen Sie auf dieser in Richtung Westen. Nördlich davon steht der **Freedom Tower**, ein pfirsichfarbenes Gebäude im Mittelmeerstil, das einst als Anlaufstelle für Exilkubaner diente. Einen Block weiter auf der NE 4th Street kommen Sie zur **College/Bayside Metromover Station**. Werfen Sie am Drehkreuz 25 Cents ein und gehen Sie die Stufen hinauf.

Der Metromover bietet eine wunderbare Möglichkeit, sich einen Überblick über die Stadt zu verschaffen. Sowohl die innere als auch die äußere Schleife lassen herrliche An- und Aussichten wie einen Film an Ihnen vorüberziehen. Nach zehn Minuten sind Sie

Bayside an der Biscayne Bay

Der Metromover

wieder am Ausgangspunkt und können wieder aussteigen. Gehen Sie auf der NE 4th Street weiter Richtung Westen, bis Sie die NE 2nd Avenue erreichen. Hier biegen Sie links ab und gehen bis zum **Wolfson Campus** des **Miami-Dade Community College**. Dort findet im Herbst die Buchmesse statt. Vier Häuserblocks weiter Richtung Süden erreichen Sie die E Flagler Street, die Hauptverkehrsader des innerstädtischen Geschäftszentrums. Gehen Sie auf der Flagler Street weiter Richtung Westen.

Nach vier Häuserblocks kommen Sie zur Apotheke **Walgreen's Pharmacy**, einem klassischen Beispiel moderner Stromlinienarchitektur. Gegenüber das **Gusman Cultural Center**, ein prächtiges Theater im spanischen Stil, innen romantischer Plüsch. Weiter westlich auf der Flagler Street befinden sich Dutzende von Geschäften mit Elektronik, Schmuck und Koffern. Die Nummer 169 E Flagler ist das **Alfred I duPont Building**, ein klassisches Art-deco-Bürogebäude.

Dade County Gericht

Gönnen Sie sich bei der Nummer 48 in der **Flagler Station Mall** eine kleine klimatisierte Pause bei einer Tasse kubanischem Kaffee im **Floridita Restaurant**, das schon in Kuba bekannt war. Wenn Sie dann auf der Flagler Street weitergehen, kommen Sie am **Seybold Building** vorbei, einem Mekka für Schmuckliebhaber, sowie an **McCrory's**, einer Five & Dime Cafeteria, die in den sechziger Jahren dadurch Schlagzeilen machte, daß die Schwarzen Sit-ins darin veranstalteten.

Einen Häuserblock weiter kommen Sie am kompakten neoklassizistischen **Dade County Gericht** vorbei. Es beherbergt aber nicht nur Richter und Rechtsgelehrte, sondern es dient ab Herbst auch Hunderten von Bussarden als Winterdomizil. Auf der Höhe 101 W Flagler erreichen Sie die **Metro-Dade Cultural Plaza**, den Bestimmungsort dieses Morgens. Betreten Sie die mit Platten ausgelegte italienische *piazza*, die zur Mittagszeit bei den Geschäftsleuten sehr beliebt ist (über die Rampe bei den Wasserbecken zu erreichen). Ein kleiner Stand sorgt mit kalten Getränken und Snacks fürs leibliche Wohl.

Um den Platz herum gruppieren sich drei schöne Gebäude: die **Miami-Dade Main Library** (Montag bis Samstag von 9 bis 18 Uhr, Sonntag von 13 bis 17 Uhr); in dieser Bücherei finden Sie vieles über Florida; das **Historical Museum of Southern Florida**

Blick zum Stadtzentrum von der Mündung des Miami River aus

(Montag bis Samstag von 10 bis 17 Uhr, Sonntag von 12 bis 17 Uhr – 10 000 Jahre Geschichte Floridas, Simulation einer Fahrt auf einem „Trolley" um 1920 und eine nach einigen Monaten wechselnde Ausstellung) sowie das **Center for the Fine Arts** (geöffnet: Dienstag bis Samstag von 10 bis 17 Uhr, Sonntag von 12 bis 17 Uhr), eines der besten Kunstmuseen von Süd-Florida mit wechselnden Ausstellungen von amerikanischer Moderne bis zu europäischer Klassik. Verbringen Sie hier einige Zeit; die Bücherei ist frei, die beiden Museen erheben angemessenes Eintrittsgeld.

Gehen Sie dann weiter zum Miami River, und zwar, indem Sie auf der Flagler Street einen Block nach Osten bis zur NW 1st Avenue gehen und sich dann nach rechts wenden. Zwei Straßen weiter südlich kommen Sie auf die SE 1st Avenue und biegen abermals nach rechts ab, so daß Sie vor dem 47stöckigen **CenTrust Tower** stehen. Dieses eindrucksvolle Gebäude, das von dem berühmten Architekten I. M. Pei entworfen wurde, kann wie ein Chamäleon seine Farben wechseln.

Der CenTrust Tower

Gehen Sie einen Block weiter die SE 1st Avenue hinunter, bis zum **Hyatt Hotel**; direkt dahinter liegt der Fluß. Dort ist rechts das **Bijan's Fort Dallas Restaurant**, wo man draußen essen kann, und ein kleines gelbes Fachwerkhaus, bekannt als das Royal Palm Cottage. Es stammt aus dem Jahre 1897 und diente den Gleisarbeitern der nahen Bahnlinie als Unterkunft. Gelb war die Lieblingsfarbe des Eigentümers Henry M. Flagler.

Der **Miami River** wird Tag und Nacht von Öltankern und Frachtern befahren, die in die Karibik und nach Lateinamerika unterwegs sind. Gelegentlich sieht man auch Fischerboote, Segelschiffe oder Yachten. Gegenüber ist die Zollstation des **US Customs Service** von Miami, an deren Kai schnelle Rennyachten liegen, die man früher Drogenschmugglern abgenommen hat. Sie sind zu Patrouillenbooten umgebaut worden.

Begeben Sie sich unter die Brücke und gehen Sie bis zum Ende des **Miami Riverside Walk** – Sie werden riechen, daß das brakkige Wasser in Richtung der Biscayne Bay salziger wird. Der Riverside Walk geht in den **Biscayne Boulevard** über. Hier steht das 55-stöckige **Southeast Financial Center**, das höchste Bauwerk Floridas. An seiner Stelle befand sich einst ein indianischer Leichenverbrennungsplatz.

Gehen Sie auf dem Biscayne Boulevard weiter in Richtung Norden und folgen Sie dann den Wegweisern zum Bayside Marketplace. Rechts sehen Sie zwei weitere hohe Gebäude: das Miami Center und das Hotel Inter-Continental. In Höhe der Nummer 301 Biscayne Boulevard ist der **Bayfront Park**, der für Freiluftkonzerte und Festlichkeiten genutzt wird. Am südlichen Ende des Parks ist ein Denkmal des verstorbenen japanischen Bildhauers Isamu Noguchi, das den bei der Challenger-Katastrophe umgekommenen Astronauten gewidmet ist. Der Park besitzt auch ein Amphitheater; von dort aus werden hauptsächlich die nächtlichen Lasershows veranstaltet. Am östlichen Ende des Parks steht eine Statue von Christoph Kolumbus. Sie ist ein Geschenk der italienischen Regierung, und zwar aus dem Jahre 1953.

Nördlich des Parks ist der Eingang zum **Bayside Marketplace**. Er ist erkenntlich an seinen vielen bunten Flaggen. Dieser 93-Millionen-Dollar-Komplex beherbergt insgesamt über 140 Läden, Restaurants und Attraktionen.

Jetzt ist es Zeit fürs Mittagessen – und die Auswahl ist groß. Bereits am Eingang liegt das **Las Tapas**, ein beliebtes Restaurant mit spanischer Küche. Man kann hier sowohl drinnen wie draußen sitzen. Am südlichen Ende im ersten Stock finden Sie **Jardin Bre-**

Das Southeast Financial Center

silien, ein Freiluftrestaurant mit brasilianischer Musik und exotischen Drinks. Im zweiten Stock ist der **Food Court** mit Dutzenden von Restaurants im Cafeteria-Stil. Von hier aus haben Sie eine gute Sicht auf die Bucht und den Hafen. Hier gibt es Griechen, Japaner, Italiener, Kubaner, Delis, Naturkost und natürlich viele Eissalons.

Machen Sie dann einen Verdauungsspaziergang durch den Marktkomplex. Wenn Sie alles sehen wollen, müssen Sie zwei Stunden rechnen. Am Wasser sind Anlegestellen für private und kommerzielle Boote. Tag und Nacht gibt es Unterhaltung – Musik, Tanz und Kleinkunst. Hier sind jede Menge kleiner Läden, Boutiquen, Schmuck- und Souvenirgeschäfte und ganz viele verschiedene Kioske.

Süße Genüsse in der Sonne

Hier können Sie neben Beispielen von Volkskunst aus Haiti natürlich auch indianische Kunst finden, afrikanische Schnitzereien und italienische Lederwaren. Und **Art by God** verkauft Mineralien und Edelsteine, Bärenfelle, ausgestopfte Elchköpfe, Geweihe und Stoßzähne und anderes für Natur- und Tiergegner.

Wenn Sie dafür in der richtigen Stimmung sind, können Sie sich mit einem Haufen Papageien fotografieren oder sich als Karikatur zeichnen lassen.

Oder vielleicht besuchen Sie den **American Bandstand Grill** des Rock 'n' Roll-Stars Dick Clark, ein Restaurant mit einer Bar. Es ist mit Goldenen Schallplatten und Erinnerungen an Elvis Presley, Chuck Berry und Tina Turner dekoriert.

Gehen Sie dann zu Ihrem Wagen zurück und fahren Sie auf dem Biscayne Boulevard, der in die Brickell Avenue übergeht, Richtung Süden. Überqueren Sie den Miami River hinter dem Hyatt Regency Hotel. Hier sind jede Menge Wolkenkratzer, einer davon bunt angemalt wie ein Regenbogen, ein anderer hat ein großes Loch in der Mitte.

An der Ecke SE 7th Street fahren Sie rechts und dann eine Straße weiter zur Miami Avenue. Nummer 626 ist das berühmte **Tobacco Road**. Hinter dem Gebäude können Sie kostenlos parken. Die Bar, die von den Einheimischen nur „The Road" genannt wird, besitzt die älteste Ausschank-Lizenz von ganz Miami, hier wird Jazz und Blues gespielt. Das verrauchte

Treffpunkt Firehouse Four

Interieur ist mit lauter alten Zeitungssauschnitten und Souvenirs aus längst vergangenen Tagen geschmückt.

Hier entspannen sich noch am späten Nachmittag die Geschäftsleute der Brickell Avenue zur Happy Hour, später am Abend kommen Musikliebhaber und Leute, die es gerne gemütlich und stilecht haben. Die Bar ist bis sechs Uhr morgens geöffnet, aber wann immer Sie auch kommen, die Atmosphäre ist locker und entspannt.

Vier Häuserblocks weiter nördlich (1000 South Miami Avenue) finden Sie einen weiteren berühmten Treffpunkt: das **Firehouse Four**, früher hieß dieser Platz Miami Fire Station No 4.

Da die South Miami Avenue Einbahnstraße ist, ist es am besten, wenn Sie laufen. Das Publikum hier ist ein wenig gehobener als im Tobacco Road – es sind in der Regel Yuppies, junge Aufsteiger und durchgestylte Damen, die nach dem Galan ihrer Träume Ausschau halten.

Die nachmittägliche Happy Hour geht von 17 bis 19 Uhr mit günstigen Drinks und einem kostenlosen warmen Buffet. Man kann hier sowohl drinnen als auch draußen sitzen, die Live-Musik ist eher beruhigend, im Gegensatz zur ansonsten unruhigen Szene. Vielleicht bestellen Sie sich eine Cola mit Rum, und vielleicht knabbern Sie ein paar *nachos*, so jedenfalls entspannen Sie sich hier mit Sicherheit bestens.

Haitianische Boote auf dem Miami River

Miami Beach

Am MacArthur Causeway entlang. Frühstück im News Café ($). Dann spazieren Sie über den Ocean Drive mit Unterbrechung am Art Deco Welcome Center. Die Lincoln Road Mall entlang, Mittagessen am Key East ($$). Über die Washington Avenue zum Espanola Way, bekannt aus „Miami Vice". Drinks im „The Strand".

Heute gehen wir viel zu Fuß, und da die Sonne scheint, sind Sonnenhut, Sonnenbrille, leichte Kleidung und leichtes Schuhwerk angesagt. Denken Sie an ein paar Vierteldollars für die Parkuhr.

Während der letzten zehn Jahre ist Miami Beach zu einem der abwechslungsreichsten Gebiete der USA geworden. In den tropischen Straßen sehen Sie exotische Architektur samt ihrer exzentrischen Bewohner. Neuerdings leben hier ältere Juden, junge Kubaner, Künstler, denen es in New York zu kühl ist, Models und die modebewußtesten Yuppies von ganz Miami.

Wenn Sie das historische Art-deco-Gebiet besuchen wollen oder die Gegend um den vornehmen South Beach („SoBe"), dann sollten Sie die Route 395 East nehmen, die sowohl über die I-95 als auch über die US-1 erreicht werden kann. Der MacArthur Causeway über die Biscayne Bay führt über **Watson Island**, an deren nördlichem Ende der klassisch **Japanische Garten** liegt. Am südlichen Ende ist die älteste Fluglinie der Welt zu Hause: **Chalks International Airline**. Seit den dreißiger Jahren bedient sie das Gebiet um Miami mit ihren kleinen Wasserflugzeugen.

Südlich von Watson Island liegen **Dodge Island** und **Port of Miami**, der größte Kreuzfahrthafen der Welt. Am östlichen Ende des Hafens machen erstaunlich viele Frachtschiffe fest. Nördlich

Die Biscayne Bay vom MacArthur Causeway aus

von Dodge Island sehen Sie drei feudale Schmuckstücke von Inseln: die **Hibiscus,** die **Palm** und die **Star Island**. Vor vielen der dortigen Privathäuser ankern Yachten, manche haben gar einen eigenen Landeplatz fürs Wasserflugzeug. Der berühmte Gangster Al Capone hatte auf Palm Island seine Florida-Basis.

Am Ende des MacArthur Causeway liegt rechts das **Miami Beach Marina**, ein kleiner privater Yachthafen. Der Causeway wird zur 5th Street, und Sie fahren weiter nach Osten bis zum Ocean Drive. Rechts davon dehnen sich endlose Strände und blaues Wasser, eben Miami Beach. Hier ist praktisch auch das **Art-deco-Gebiet** mit seinen über 500 historischen Gebäuden, das sich von der 6th bis zur 23rd Street am Ozean entlangzieht und im Westen bis zur Alton Road reicht.

Fahren Sie auf dem Ocean Drive bis zur 8th Street und beginnen Sie mit der Parkplatzsuche. Die Parkuhren an der Seeseite schlucken Vierteldollars, aber auf der Landseite gibt es ein paar kostenlose Plätzchen. Während Sie suchen, werden Ihnen wahrscheinlich ein paar parkende Wohnwagen auffallen, die der Versorgung der hier ständig operierenden Modefotografen und ihrer Models dienen. Frühstücken Sie im beliebten **News Café** (800 Ocean Drive), eine Kombination von Restaurant, Jazzklub und Zeitungsstand. Die Tische draußen bieten einen herrlichen Blick auf Ozean, Land und Leute. Es gibt herrliche selbstgemachte Muffins (krapfenähnlich), lockere Omeletts, Schalen mit Granola (gesund) und Platten mit kaltem Braten und knusprigem Brot.

Die South Beach

Nach einem anständigen Frühstück sollten Sie den Ocean Drive entlangbummeln. Bei der 9th Street: das **Waldorf Towers**, ein weiß-rosa-gelbes Art-deco-Hotel mit einer großen Veranda. Gegenüber der **Volley Ball Beach**. An gleicher Stelle das **Café des Arts**, ein französisches Restaurant in einem liebreizenden, blaßrosa angepinselten Apartmentgebäude. Ecke 10th Street und Ocean Drive ist das Edison Hotel, in dem die für ihre Live-Musik bekannte Bar

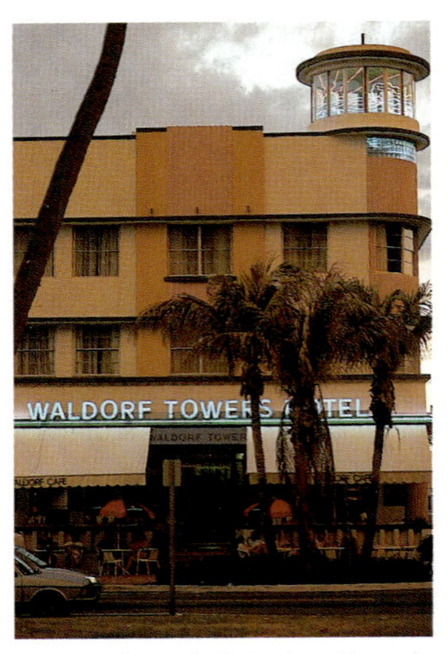

Das Art Deco Waldorf Towers Hotel

Tropics International samt Restaurant beheimatet ist. An Wochenenden herrscht hier manchmal eine derartige Partyatmosphäre, die so viele Menschen anzieht, daß sich die Volksmassen bis auf die Straße drängen und manchmal gar bis in den Swimmingpool hinein. Gegenüber im **Miami Beach Ocean Front Auditorium** versammeln sich Alte und Junge zu Musikaufführungen, Vorträgen oder einfach zum Mittagessen.

An der Ecke 11th Street und Ocean Drive ist das **Adrian Hotel**, ein schönes Art-deco-Gebäude, das neuerdings bei deutschen und holländischen Touristen beliebt ist. Ganz in der Nähe, 1116 Ocean Drive, der **Christopher Columbus Palace**. Früher Amsterdam Palace genannt, wurde dieses eindrucksvolle weißgelbe Gebäude im mediterranen Stil dem Kolumbus-Haus in der Dominikanischen Republik nachempfunden. 1992, zum fünfhundertjährigen Jubiläum der Entdeckung der Neuen Welt durch Christoph Kolumbus, benannte man es um. Die antiken, viereinhalb Meter hohen hölzernen Türen stehen meistens offen, so daß man in den Innenhof mit seinen Statuen, Pflanzen und streunenden Katzen hineinsehen kann.

Als nächstes schauen Sie einmal ins **Art Deco Welcome Center** (1244 Ocean Drive) im Leslie Hotel (Montag bis Freitag von 10 - 18 Uhr, Samstag von 10 - 14 Uhr, Tel: 672-2014). Es wird von der Miami Design Preservation League geführt, einer gemeinnützigen Organisation, die sich für Art-deco-Gebäude engagiert und ihre Registrierung im National Register of Historic Places betreibt. Dort werden auch Bücher, Souvenirs, Postkarten und Antiquitäten verkauft; an Samstagen kann man an Führungen durch das Gebiet teilnehmen, die am Leslie Hotel beginnen.

Das Hotel selbst ist eine der drei „großen alten Damen“ im Reigen der Art-deco-Hotels und es ist eines der ersten, die wieder in den Originalzustand zurückversetzt wurden. Die beiden anderen sind das **Carlyle** und im gleichen Block das **Cardozo Hotel**. Gleich daneben das **Cavalier**, das jahrelang als eines der bestgeführten Art-deco-Hotels in Miami Beach galt.

Art-deco-Detail

An der Ecke Ocean Drive und 14th Lane liegt das im Kolonialstil erbaute und blau und weiß gestrichene **Betsy Ross Hotel**, das eigentlich wegen seines amerikanischen und konservativen Aussehens nicht in diese Gegend paßt. Aber drinnen ist eines der besten Restaurants von Miami Beach: das **Stars and Stripes Cafe**.

Einen Block weiter: die 15th Street. Sie biegen links in sie ein und gehen noch einen Häuserblock bis zur **Collins Avenue**. Weiter nördlich finden Sie die großen Hotels der fünfziger Jahre wie das Eden Rock und das Fontainebleau, aber heute gehen Sie nur einen Block weiter und finden Ecke Lincoln Road das **Burger King**, eine historische Art-deco-Konstruktion in rosa und grün.

Gehen Sie nun weiter westlich auf der **Lincoln Road**, bis sie in eine Fußgängerzone übergeht. Diese **Lincoln Road Mall** galt mit vielen eleganten Geschäften einmal als Fifth Avenue des Südens. Es folgte eine Phase, in der billige Schmuckgeschäfte und Ramsch-Boutiquen die Oberhand gewannen. Noch immer fallen die vielen billigen Souvenirläden ins Auge, doch sind auch viele Initiativen zu sehen, um das Niveau der Mall wieder zu heben.

Sonnenbaden am Strand

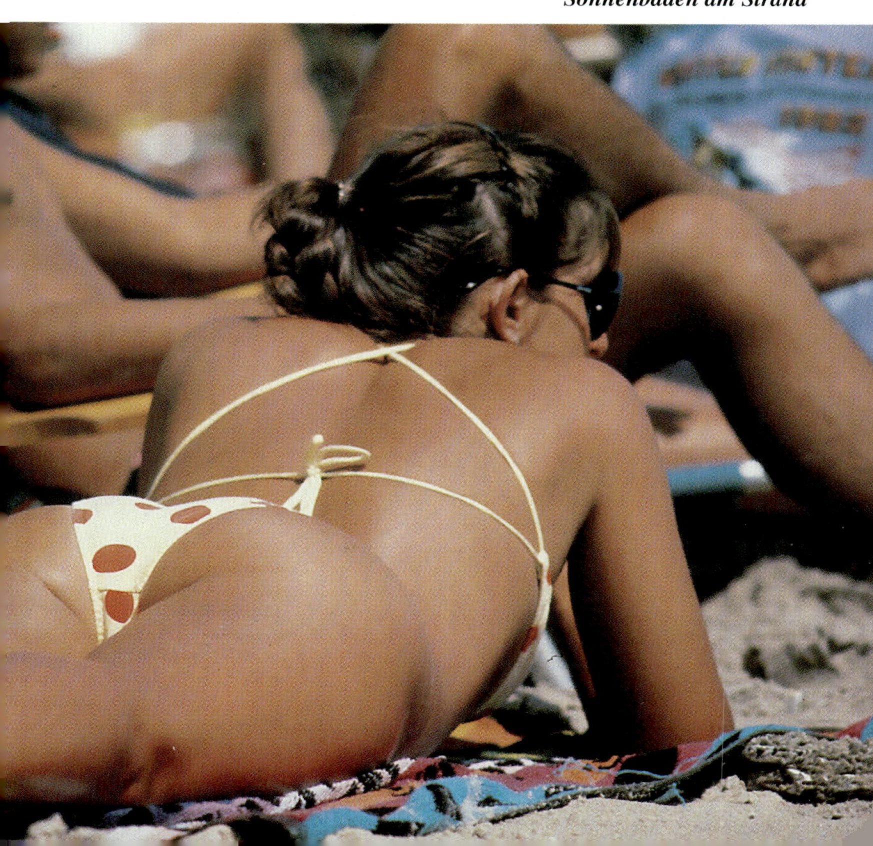

Inzwischen dürfte es Zeit sein für eine Essenspause – das kleine, aber elegante **Key East** ist eines der populärsten Restaurants von „SoBe" (647 Lincoln Road, täglich geöffnet). Man serviert Nouvelle-cuisine-Spezialitäten, darunter Lamm vom Spieß, jamaikanisches Ingwerhühnchen, Spinat-Lasagne und tropische Nachspeisen.

Nachdem Sie ein wenig geschlemmt haben, wird es nun wieder Zeit für kulturelle Genüsse. In der Lincoln Road Nummer 924 finden Sie das Hauptbüro des **South Florida Art Center**, einer Vereinigung von fast 100 hier ansässigen Künstlern, die gemeinsam fünf verschiedene Galerien an der Straße betreiben. Sehr begabte junge Leute spielen gemeinsam in einem Trainingsorchester namens New World Symphony, das seine Aufführungen im **Lincoln Theater** veranstaltet; im gemütlichen kleinen **Area Theater** werden Kammerspiele dargeboten.

Das Miami City Ballet

Das Glanzlicht der Lincoln Road Mall (No 905) aber ist das **Miami City Ballet**, das hier sein unauffälliges Hauptquartier hat. Zu manchen Zeiten drücken sich die Menschen an den großen Scheiben die Nasen platt, um den Tänzern beim Aufwärmen und Üben zuzuschauen. Unter der Führung ihres Direktors Edward Villella hat die Truppe innerhalb weniger Jahre internationale Anerkennung gewonnen.

Nachdem Sie ein Stündchen in der Lincoln Road Mall verbracht haben, machen Sie sich auf nach Westen zum Strand. Gehen Sie zu dem Punkt zurück, an dem Sie die Lincoln Road betraten und folgen Sie dann der Collins Avenue einen Häuserblock

Die Polizei von Miami Beach im Einsatz

in westlicher Richtung. Nach einer Weile biegen Sie nach rechts in die **Washington Avenue** ein, der Sie in Richtung Süden folgen. An den hiesigen Fruchtständen, in den Fischgeschäften und Bäkkereien kaufen die Bewohner von Miami Beach ein, hier treffen sie ihre Freunde.

Gehen Sie weiter, bis Sie nach drei Straßen rechts in den **Espanola Way** abbiegen. An der Ecke das **Miami Beach International Youth Hostel**. Hinter seinen auffälligen weiß-rosa Mauern im mediterranen Stil hatte der kubanische Bandleader Desi Arnaz sein Amerikadebüt. Der Rest des Espanola Way ist eine schöne Straße, die in vielen Episoden von *Miami Vice* vorkommt. Die Häuserfassaden sind rosa und weiß und mit handbemalten Kacheln versehen; es gibt viele Kunstgalerien, Boutiquen und Modegeschäfte, die nur beste Qualität verkaufen. Wenn Sie alles gesehen und sich vielleicht auch etwas gegönnt haben, gehen Sie auf der Washington Avenue weiter Richtung Süden. Bei der 11th Street finden Sie die **Miami Beach Police Station,** ein blau-weißes, stromlinienförmiges Gebäude.

Letzte Station dieses Tages ist **The Strand**, 671 Washington Avenue, etwa einen Häuserblock von der Stelle entfernt, wo Sie Ihren Wagen geparkt haben sollten. Es ist eines der wenigen Restaurants in SoBe, das die Launen des wankelmütigen Publikums unbeschadet überlebt hat. Die Einrichtung wirkt intellektuell, kühl und anspruchslos, aber die Atmosphäre ist entspannt, die Drinks stark und das amerikanische und europäische Essen ist gleichbleibend gut.

3. Tag

Coconut Grove

Beginnen Sie mit einem schnellen Blick auf Dinner Key Marina, dann gehts zum Peacock Park und über den Main Highway nach Coconut Grove. Das elegante Barnacle House und die Gegend, die an die Bahamas erinnert. Mittagessen auf der Commodore Plaza ($$); die Fuller Street mit Süßigkeiten und Massage; Cocowalk und Mayfair mit Boutiquen und Klubs.

Coconut Grove ist ein exotischer Stadtteil mit exzentrischen Häusern, dichtem Grün und einem belebten Zentrum, das die Einwohner von Miami gerne besuchen. Dorthin gelangen Sie über den Dixie Highway (US1) aus nördlicher oder südlicher Richtung und auf der **SW 27th Avenue** weiter nach Osten. Etwa acht Straßen später überqueren Sie den South Bayshore Drive und fahren in die **Dinner Key Marina**. Fahren Sie einmal rund um die Marina, damit Sie ein Gefühl dafür bekommen, wie es ist, hier zu leben. Neben den vielen Fischerbooten an der Zufahrt zum Hafenbecken gibt es viele hundert private Segelboote und Yachten. Die hiesigen Liegeplätze sind ideal zum Überwintern.

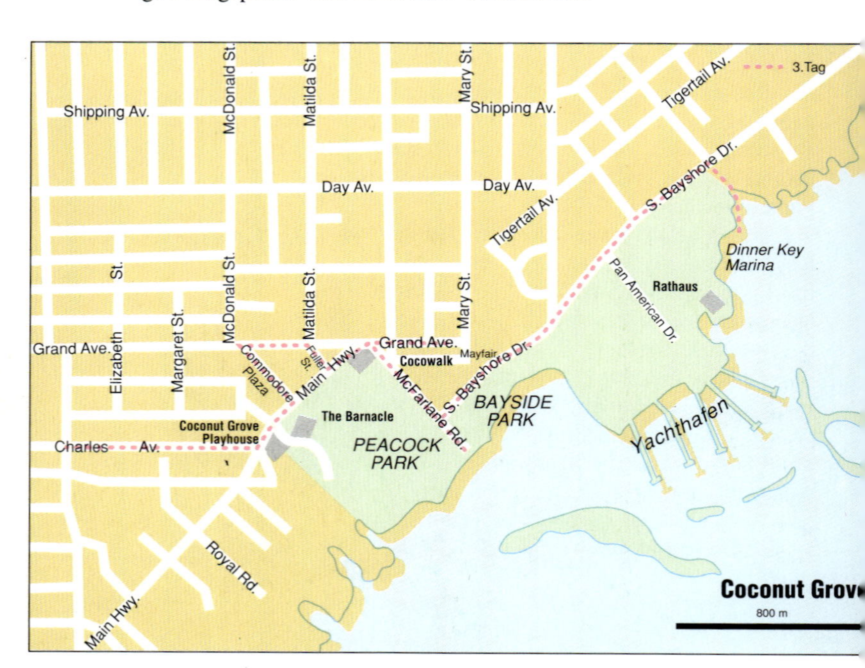

Nach einer anstrengenden Fischereinacht: schlafen

Nachdem Sie die Marina abgefahren haben, nehmen Sie den gleichen Weg zurück und wenden sich nach links in den South Bayshore Drive. Links davon liegt der **Bayside Park**, ein schattiger Tummelplatz mit vielen Skulpturen, die an seiner Peripherie aufgestellt sind. Parken Sie den Wagen dort, wo South Bayshore endet und nach rechts abknickt, um zur McFarlane Road zu werden. An beiden Seiten sind Parkuhren. Am südöstlichen Ende der McFarlane Road ist der **Peacock Park**, der seinen Namen von dem historischen Hotel Peacock Inn hat. Der Park dient auch für Feste, Konzerte und Ausstellungen in Coconut Grove. Wenn Sie die McFarlane hinauflaufen, einen der wenigen Hügel der Stadt, kommen Sie an der **Coconut Grove Public Library** vorbei (geöffnet Mo, Mi, Do, Sa 9.30 - 18 Uhr; Di 12 - 21 Uhr).

Diese Bücherei gibt es seit 1901, sie besitzt viele Werke über diese Gegend. Das tropisch wirkende, aus Korallenfelsen erbaute Gebäude ist sehenswert, es ist ein Geschenk von Commodore Ralph Munroe, dessen Frau hier begraben ist. Links gegenüber der Bücherei steht das **Coconut Grove Chamber of Commerce**, die Handelskammer.

Ganz oben an der McFarlane Road beginnt das Herz von Coconut Grove. Rechts sehen Sie das mehrstöckige Gebäude des **Peacock Cafe** mit vielen Läden und Bars und **Señor Frogs**, ein mexikanisches Restaurant. Auf der linken Seite ist der **Beach Bum Surf Shop,** ein Geschäft für Schwimm- und Surfbedarf, **Athene**, ein New-age-Buchladen, der sich auf heilende Kristalle und Metaphysik spe-

Bayside Park

Barnacle State Historic Site

zialisiert hat, und **Lingerie by Lisa**, eine Boutique, die exotische Hüfthalter und Unterwäsche für Möchtegern-Madonnas verkauft.

Gehen Sie nach links bis zum Ende der McFarlane Road und biegen Sie in den **Main Highway** ein. Sie werden an vielen Geschäften für Wassersport vorbeikommen, an Yoghurt-Salons und Straßencafés. Ein paar Straßen Richtung Süden, auf Höhe der Nummer 3485 Main Highway, ist **Barnacle State Historic Site** (geöffnet: Do - So 9-16 Uhr, Tel: 448-9445). Gehen Sie den baumbestandenen Weg zum eigentlichen Eingang und genießen Sie die Stille und natürliche Pracht des Coconut Grove, wie er vor 100 Jahren einmal war. Es wird Eintritt erhoben.

Das Barnacle war einst das Zuhause des bereits erwähnten Pioniers Commodore Ralph Munroe. Er war Naturliebhaber und Anhänger des Philosophen Henry David Thoreau, was man dem Haus auch anmerkt. Das zweistöckige Gebäude mit gelber Stuckfassade wurde 1891 errichtet und besitzt ein natürliches Kühlungssystem mit Luftlöchern und Ventilation. Das Mobiliar ist original erhalten, mit eleganten Antiquitäten, Spitzenvorhängen und Orientteppichen. Schauen Sie einmal zum Bootshaus hinunter, dort können Sie die von dem Schiffsbauer Munroe selbst entworfene hölzerne *Ketsch Micco* sehen. Führungen: 10, 11.30, 13 und 14.30 Uhr.

Das Goombay Festival

Nach der Führung verlassen Sie das Barnacle und folgen dem Pfad aus roten Ziegeln auf dem Main Highway. Eine

Straße weiter wechseln Sie die Seite und gehen nun die historische **Charles Avenue** hinunter. Hier lebten viele Siedler von den Bahamas, die gegen Ende des 19. Jahrhunderts das Peacock Inn bauen halfen. Die Gegend ist noch immer vornehmlich von Bahamern bewohnt; nicht weit von hier wird das Miami/Bahamas Goombay Festival abgehalten. Am Beginn der Charles Avenue erklärt eine Gedenktafel die Wichtigkeit der bahamaischen Gemeinde. Viele hölzerne Landhäuser im rustikalen tropischen Stil der Bahamas säumen die Straße.

Wenn Sie einen Eindruck von dieser Gegend gewonnen haben, gehen Sie auf den Main Highway zurück und Richtung Norden bis zur Charles Street. An der Ecke steht das 1926 erbaute **Coconut Grove Playhouse**. Es hat 1100 Plätze und zeigt vornehmlich Stücke vom Broadway. Im Winter dient es als kulturelles Zentrum von Coconut Grove. Gegenüber, 540 Main Highway, ist das **Taurus Steak House** aus dem Jahre 1922; die hölzerne Konstruktion besteht aus Eiche und Florida-Zypresse, die Inneneinrichtung ist im Seemannsstil ausgeführt. Früher trafen sich hier die Damen zum Tee, heute ist es zur „Happy Hour" bei den Yuppies von Coconut Grove beliebt.

Wenn Sie auf dem Main Highway in Richtung Norden weitergehen, kommen Sie zur **Commodore Plaza**, der beliebtesten Meile des Grove. Viele Straßencafés füllen sich am Wochenende mit Leuten, die sehen und gesehen werden wollen; Halbwüchsige fahren mit voll aufgedrehten Radios spazieren. Hier kann man sogar Fahrradrikschas mieten. An der Ecke Commodore Plaza und Main Highway wetteifern die Restaurants **Zanzibar Cafe** und **Sharkey's** (Fischgerichte) um Kunden. Daneben das Blumengeschäft **Garden Path**, spezialisiert auf exotische Pflanzen und handgemachte Weidenkörbe.

Hier sollten Sie auch zu Mittag speisen, wählen Sie zwischen den beiden besten Restaurants der Commodore Street. **The Kaleidoscope** ($$) (No. 3112, 2. Stock) ist sehr elegant und bietet zum Beispiel senegalesische Currysuppe und gegrillten Lachs. Gegenüber (3131 Commodore Plaza) ist das **Village Inn** ($$), ein eher rustikales, gemütliches Restaurant mit gutem Essen: Pasta, Omeletts, Hamburger, Salate.

Nach dem Essen gehen Sie weiter auf der Commodore Plaza, bis Sie auf der linken Seite den **Grove Harbour Courtyard** sehen, ein dreistöckiges Einkaufszentrum mit Läden, Restaurants und einem kleinen gemütlichen Theater, dem Stammhaus des **Mental Floss Comedy Club**, der witzige Shows mit Improvisationen zeigt. Hier finden Sie auch die **Carlos Art Gallery** mit guter haitiani-

Coconut Grove Farmer's Market

scher Kunst und **Iris Marnell Antiques** mit feinen Antiquitäten und Schmuck.

Auf der anderen Seite der Commodore Plaza das Geschäft **Salo Design** mit Juwelen und Kunst aus aller Welt, **This and That Shop**, ein authentischer Billigladen, und das **Cafe Europa**, ein hochgestochener Pub im europäischen Stil. Commodore Plaza endet an der Kreuzung **Grand Avenue**, dort ist das Postamt **Coconut Grove Post Office**. Falls gerade Samstag ist, gehen Sie einen Häuserblock weiter auf der Grand Avenue: Auf der McDonald Street findet der **Coconut Grove Farmer's Market** statt. Hier fühlt man sich in die sechziger Jahre zurückversetzt: Naturprodukte, selbstgemachte Muffins und Kunsthandwerk mit Musik und ein paar übriggebliebenen Hippies.

Ansonsten gehen Sie auf der Grand Avenue weiter und biegen rechts in die **Fuller Street** ein. In **La Petite Patisserie**, einer kleinen französischen Konditorei, können Sie einen Cappuccino oder eine frische Limonade bekommen. Ganz in der Nähe der **Grove Bookworm**, ein gemütlicher kleiner Buchladen. An der Kreuzung Fuller Street und Main Highway finden Sie **Steve's Ice-cream**, einen unwiderstehlichen Eissalon.

Einen Block weiter südlich (3456 Main Highway) der **Christian Science Reading Room** (Mo - Sa 10 - 16 Uhr). Direkt davor der

Eine magische Einminutenmassage auf dem Main Highway

Der Cocowalk-Komplex

Mann mit den heilenden Händen: John Baltz. Seine Minutenmassagen sollen von Rücken- und Kopfschmerzen, Schlaflosigkeit und sogar Liebeskummer befreien.

Dann gehen Sie auf dem Main Highway weiter Richtung Norden bis zur Kreuzung McFarlane Road, überqueren die Straße und gehen weiter auf dem Main Highway. Der mehrstöckige rosa- und beigefarbene Komplex mit den Palmen auf dem Dach ist das **Cocowalk** (geöffnet täglich von zehn Uhr vormittags bis nachts um zwei), das Neueste, was Coconut Grove zu bieten hat. Abends und an Wochenenden gibt es häufig Live-Musik.

Die Läden des Cocowalk bieten Qualität zu vernünftigen Preisen. Zwischen den großen Filialen etlicher Ladenketten wie The Gap, Limited Express und Banana Republic finden sich Dutzende kleiner Boutiquen, die von der Anziehungskraft der Großen profitieren. Zwei der interessanten kleineren Geschäfte sind **White House** mit ausschließlich weißer Damenmode und **Goodebodies**, das nur natürliche Schönheitsprodukte verkauft. Die hiesigen Restaurants und Bars sind stets gut besucht. Einige Favoriten: **Tu Tu Tango**, ein französisches Bistro, **Baja Beach Club**, ein lauter und turbulenter Klub mit bikinibekleideten Barmädchen, und **Hooters**, ebenfalls eher etwas für Sauftouren. Im **Improv Comedy Club** treten noch bis spät abends lokale und nationale Komiker auf.

Direkt gegenüber dem Cocowalk ist der **Oak Feed Store** (3033 Main Highway). Hier finden Sie alles, was mit New-Age, natürlichem Leben und Gesundheit zu tun hat. Einen Block weiter noch ein sensationelles Einkaufszentrum: **Mayfair in the Grove**.

Im Mittelpunkt das Hotel **Mayfair House** (180 Zimmer), das die oberen drei Stockwerke einnimmt. In den unteren Stockwerken über 50 exklusive Boutiquen, darunter Ralph Lauren und Ann Taylor. Man bewegt sich hier in extravaganten Architektenträumen mit Mosaiken, kupfernen Skulpturen und rauschenden Fontänen. Zwei der beliebteren Klubs sind **Stringfellows** und **Ensign Bitters**. In beiden wird bis spät in die Nacht hinein getanzt, das Publikum ist anspruchsvoll und modebewußt.

Stringfellows im Mayfair House

Wahl-Pro

Vormittagsausflüge

1. Vizcaya

Vizcaya Museum und Gardens (3252 South Miami Avenue, Montag bis Freitag 11 bis 19.30, Samstag und Sonntag 10 bis 16.30 Uhr, Tel.: 579-2708) in Coconut Grove eignen sich hervorragend für eine morgendliche Exkursion.

Die South Miami Avenue verläuft parallel zur Brickell Avenue und liegt weniger als eine Meile nördlich des Rickenbacker Causeway. Der Eingang zum Gelände ist klar gekennzeichnet, und man kann umsonst parken. Aber Vizcaya ist auch mit Bussen und der Metrorail gut erreichbar. In dem nicht zu hohen Eintrittspreis ist auch eine interessante Führung enthalten.

Die Villa Vizcaya von Osten

Vizcaya wurde zwischen 1914 und 1916 erbaut und war die Winterresidenz des amerikanischen Industriellen James Deering. Zu seiner Zeit war dies das größte architektonische Projekt ganz Floridas – über 10 000 Arbeiter, fast zehn Prozent der Bevölkerung, waren daran beteiligt. Der Name Vizcaya leitet sich von einem baskischen Wort ab, das „erhöhter Platz" bedeutet; das Bauwerk sollte wie eine 300jährige italienische Landhausvilla wirken.

Die handgemachten Dachziegel stammen aus Kuba, die Schmiedearbeiten der Tore aus Deutschland. Die Tatsache, daß das Gebäude tief im Erdboden verankert ist, ließ es den schlimmen Hurrikan von 1926 überstehen.

Während seiner Blütezeit war das Gelände über 70 Hektar groß und vollständig autark, mit Pferde- und Kuhställen, einem Hüh-

nerhaus, einem Gemüsegarten und einem Ananashain. 30 Angestellte sorgten für das Wohl der Bewohner. Der Palast mit seinen 70 Räumen liegt direkt am Wasser der Biscayne Bay und befindet sich noch im Originalzustand – die europäische Einrichtung mit Möbeln, Teppichen und Kunstgegenständen aus Renaissance, Barock, Rokoko und Klassizismus ist Millionen von Dollar wert.

Die unteren Räume gruppieren sich um einen Innenhof. Sie bestehen aus Empfangshalle, Bankettsaal, Teezimmer, Musikzimmer, Rauchzimmer und Bibliothek. Die Schlafräume befinden sich im zweiten Stock. In den für Florida ungewöhnlichen Kellerräumen arbeitete das Personal. Es finden erstklassige Führungen in Englisch, Französisch und Spanisch statt, die alle Details der Einrichtung erläutern.

Das Gelände besitzt einen gepflegten Park, die European Gardens, sowie Naturpfade und urwüchsige, von der Morgensonne beschienene Laubwäldchen. Dekorative Grabstätten, Skulpturen und Spring-

Museum und Gärten von der Südterrasse aus

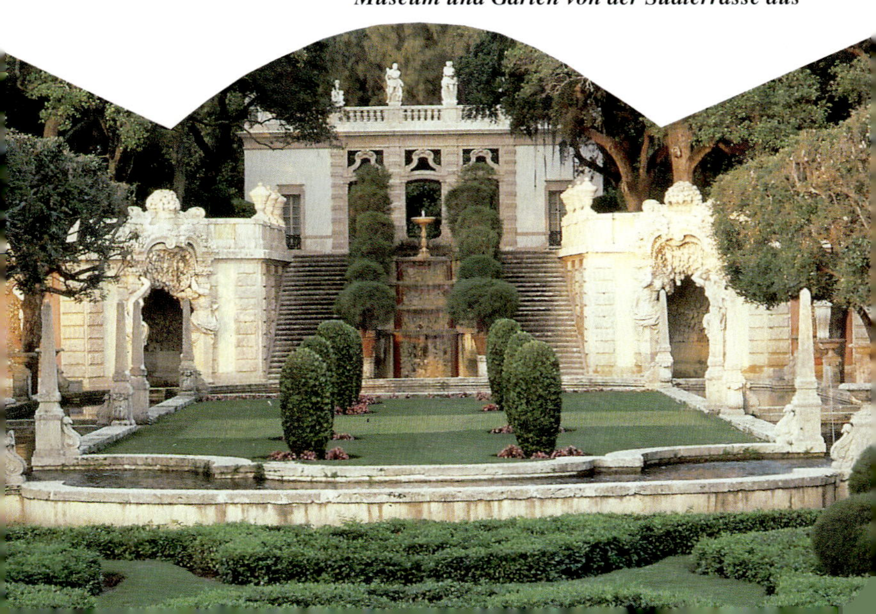

brunnen sowie mit tropischen Pflanzen bewachsene und durch Brücken miteinander verbundene Inselchen sind über den gesamten Besitz verstreut. An die nördliche Seite des Palastes schließen sich eine Grotte aus Korallenfelsen und ein Swimmingpool an.

Vizcaya wurde 1952 vom Dade County gekauft; man verwandelte es in ein Museum, das jedes Jahr weit mehr als 250 000 Besucher anzieht. Zwar ist der Besitz jetzt nur noch vier Hektar groß, aber es ist noch ein Teil der rosaroten Mauer, die ihn einst begrenzte, entlang der Miami Avenue zu sehen. Ein Andenkenladen verkauft Souvenirs sowie alten Schmuck und Sammlerstücke. Ein Café bietet erstaunlich gute Quiches, frische Croissants und herzhafte Sandwiches.

Im März findet in Vizcaya ein italienisches **Renaissance-Festival** statt, bei dem klassisches Drama geboten wird; es gibt Wahrsager, Possenreißer, ein großes Schachspiel mit lebenden Menschen als Figuren und ein Buffet mit Wildschweinbraten und Fisch.

2. Little Haiti

Little Haiti ist ein Stadtteil mit überwiegend farbiger Bevölkerung und vielen Einwanderern aus Haiti. Es ist relativ ungefährlich, sich dort zu bewegen, und man bekommt interessante Einblicke in die reiche karibische Kultur.

Little Haiti wird im Norden von der 79th, im Süden von der 46th Street, im Osten vom Biscayne Boulevard und im Westen vom Highway I-95 begrenzt. Man fährt von Osten her über den Highway oder von Westen her über den Biscayne Boulevard in die 79th Street. An der Kreuzung 79th Street, NE 2nd Avenue wenden Sie sich nach Süden und sind schon im Herzen von Little Haiti mit seinem Geschäftsviertel.

Die North East 2nd Aven

Die erste Station ist **Les Cousins Book and Record Shop**, 7858 NE 2nd Avenue (täglich 10 - 18 Uhr, Tel.: 754-8445). An der Südseite des Gebäudes ist ein Parkplatz. Hier gibt es haitianische Zeitungen und Bücher und die größte Auswahl karibischer Musik in ganz Miami. Es werden auch haitianische Kunst und Holzschnitzereien ausgestellt. An einer Theke gibt es haitianischen Kaffee und Kuchen. Die Besitzer Viter und Henri Juste sind eine gute Informationsquelle über das Viertel.

Fahren Sie dann auf der NE 2nd Avenue Richtung Süden, bis Sie zum **Caribbean Marketplace** kommen (5927 NE 2nd Avenue, Freitag und Samstag 10.30 bis 21.30, Dienstag bis Donnerstag und Sonntag 10.30 bis 19 Uhr, Tel.: 758-8708). Den Giebel des Zinndachs und die grellen karibischen Farben gelb, blau, grün und orange kann man gar nicht verfehlen. Parken können Sie vor dem Gebäude. Dieser Markt wurde dem historischen Iron Market in Port-au-Prince, Haiti, nachempfunden. 1991 gewann das Gebäude den renommierten Preis des American Institute of Architects, den National Honor Award; es darf als Glanzstück dieses Viertels gelten. Etliche auf haitianische Küche spezialisierte Garküchen, Schallplatten- und Buchläden, Läden für tropische Kleidung und ein Sammelsurium haitianischer Kunst und Kunsthandwerks versammeln sich unter seinem Dach. An Wochenenden gibt es haitianische Musik live.

Wenn Sie an einem Sonntagmorgen unterwegs sind, machen Sie bei der Haitian Catholic Center and Church of Notre Dame d'Haiti Station (nur drei Blocks weiter an der 130 NE 62nd Street, Tel.: 751-6289). Um neun Uhr ist die Kirche vollbesetzt mit Menschen, die Musik machen und singen; die haitianische Musik ist eine Mischung aus frühen afrikanischen Rhythmen und französischen Melodien. Frauen in bunten Seidengewändern und Männer im Sonntagsanzug nehmen an diesen wöchentlichen Feiern voll Inbrunst teil.

Fahren Sie dann auf der NE 2nd Avenue weiter in Richtung Süden und suchen Sie auf der NE 54th Street nach einem Parkplatz. Die meisten

Ostersonntag in Little Haiti

der kleinen Läden in dieser Gegend gehören Haitianern und haben haitianische Kunden. Gehen Sie zum Haiti-Miami Market an der Kreuzung NE 2nd Avenue und NE 54th Street. Hier finden Sie haitianische Delikatessen: getrocknete Muscheln und frische Ziegenköpfe zusammen mit einer großen Auswahl an Gewürzen, die einen in der Nase kitzeln, währenddessen haitianische Hausfrauen lautstark um den Preis von Reis und Bohnen feilschen.

An der gleichen Kreuzung finden Sie auch die **Botanica d'Haiti**. *Botanicas* sind Apotheken, die religiöse Gegenstände und magische Kräuter für die Anhänger der afro-karibischen Geheimkulte Santeria und Voodoo verkaufen. Es gibt sie zwar in den meisten Teilen der Stadt, aber in Little Haiti und Little Havana sind sie am verbreitetsten. Haben Sie keine Angst, die Atmosphäre in diesen *botanicas* ist zwar ein wenig seltsam, aber die Leute sind freundlich und beantworten gerne jede Frage. Hier können Sie Ihre Vorräte an schwarzen Kerzen, Rosenkranzperlen und Potenzpillen ergänzen, aber es gibt auch Mittel gegen schwarze

Ostermesse im Catholic Center

Katzen, Spray zum Reichwerden, Salben zum Fröhlichsein, Kuhhörner und Voodoo-Puppen aus Stoff.

Inzwischen dürften Sie hungrig sein. Ein paar Häuserblocks weiter westlich auf der NW 54th Street finden Sie Little Haitis beliebtestes Restaurant: **Chez Moy** (1 NW 54 Street, Tel.: 757-5056). Hier können Sie bequem sitzen, das Lokal ist klimatisiert. Das haitianische Essen ist ausgezeichnet bei vernünftigen Preisen. Es gibt Bier und Wein und Spezialitäten wie *lambi* (Muscheleintopf), *griot* (gebratenes Schwein) und Ochsenschwanz-Eintopf mit Rum, jeweils mit Reis und gebratenen Bananen.

3. Das „Seaquarium“

Das Miami Seaquarium (4400 Rickenbacker Causeway, täglich geöffnet von 9.30 bis 18 Uhr, Tel.: 361-5705) ist ein 14 Hektar großer Marine-Park am Damm, der Miami mit Key Biscayne verbindet. Wenn Sie über die I-95 kommen, nehmen Sie die Ausfahrt Key Biscayne und fahren Sie Richtung Osten, bis der Park nach ein paar Kilometern auftaucht. Es gibt reichlich Parkplätze.

Das Seaquarium besteht seit 1955. Es ist eines der weltbesten Ozeanarien, gewidmet der Forschung und Erhaltung des Lebens im Meer. Es arbeitet eng mit der benachbarten University of Miami's Rosenstiel School of Marine and Atmospheric Sciences zusammen. Die Aquarien beherbergen Hunderte von Arten tropischer Fische und Schalentiere, exotische Vögel, Regenwald, ein Becken mit Stechrochen und ein Strandbiotop zum Brüten für den Großen Blauen Reiher, den Braunen Pelikan, Kormorane und Flamingos.

Ein Programm zur Erhaltung des Lamantin, der tropischen Seekuh, verlief als das erste seiner Art erfolgreich. Das Seeaquarium hat auch etliche Tiere vorzuweisen, die in Gefangenschaft aufgewachsen sind. Die stolzen Seekuheltern Romeo und Julia haben schon sechs Kälber großgezogen und so zur Erhaltung der gefährdeten Art beigetragen. Man nimmt sich auch verletzter Tiere an und pflegt sie, bis sie wieder ausgesetzt werden können. Auch die vom Aussterben bedrohte Grüne Seeschildkröte hat sich hier erfolgreich fortgepflanzt.

Lolita wird für ihre Show belohnt

Den ganzen Tag über, ab zehn Uhr morgens, finden Vorführungen für jung und alt statt. Der Eintrittspreis ist angemessen, Kinder unter zwölf Jahren zahlen weniger. Morgens ist es meist nicht so voll wie am Nachmittag; Sie müssen zwischen drei und vier Stunden rechnen, wenn Sie alles sehen wollen. Man bekommt Mittagessen und Snacks, und der Park hat viele schattige Plätzchen.

Die Hauptattraktion des Seaquariums sind die Vorführungen, deren bekannteste **Lolita der Killerwal** ist. Lolita wiegt drei Tonnen, schwimmt auf dem Rücken, sprüht eine Fontäne in die Luft, winkt dem Publikum mit dem Schwanz zu und kann sechs Meter hoch springen, so daß die Zuschauer oft naßgespritzt werden. Sie zeigt auch, daß Killerwale Gefühle haben: sie küßt ihre Trainer, die sie mit wohlschmeckendem frischem Fisch füttern.

Die **Flipper Lagoon** diente als Drehort für zwei Filme. Dort zeigen ein Nachkomme des ursprünglichen Flipper und Delphine ein Wasserballett, bei dem sie ihre 200 Kilo schweren Körper hin- und herschwingen. Spielerisch zeigen sie auch ihre angeborenen Echolotfähigkeiten.

Der glitzernde *golden dome* des Seaquariums dient Salty, einem kalifornischen Seelöwen, als Bühne, dabei nehmen auch Freiwillige aus dem Publikum teil.

Nachmittagsausflüge

4. Key Biscayne

Heute steht der herrliche Badeausflug nach Key Biscayne auf dem Programm mit der Windsurfer Beach, der Jet Ski Beach, Hobie Island und dem Bill- Baggs-Cape-Florida-State-Erholungsgebiet. Danach nehmen wir noch einen Drink in der Abendsonne im „Sundays on the Bay“. Bitte vergessen Sie auf keinen Fall Lunchpaket, Getränke, Badetücher, trockene Kleidung und Sonnenschutzmittel!

Diese Halbtagstour verspricht Badevergnügen in Reinkultur. **Key Biscayne** ist ein Inselparadies von elf mal drei Kilometern gleich vor den Toren Miamis. Sie erreichen es über den **Rickenbacker Causeway** östlich der Highways I-95 und US-1.

Key Biscayne ist eine der vielen hundert Kalk- und Korallenfelseninseln vor der Südspitze Floridas. Key Biscayne, beliebtes Ausflugsziel der Städter aus Miami, ist auch ein Wohngebiet mit exklusiven, sehr begehrten Küstenanwesen. Der britische Entdecker John Cabot stieß im Jahre 1497 auf die Insel. 1513 beanspruchte Juan Ponce de León das Eiland für Spanien.

Wenn Sie die Gebühr für die Überquerung der Biscayne Bay entrichtet haben, fahren Sie von der Brücke auf den Rickenbacker Causeway. Linker Hand liegt jetzt die **Windsurfer Beach.** Dieser Name findet sich auf keinem Wegweiser, doch die bunten Surfbretter an der Küste sind unübersehbar. Ruhiges Wasser und stete Brisen aus Osten und Südosten machen ihn zum perfekten Surferparadies. An vielen Ständen kann man stunden- und halbtageweise preiswerte Ausrüstungen mieten – nicht nur anspruchsvolleres Gerät für Könner, sondern auch einfacheres für Neulinge. Für ganz blutige Anfänger werden meistens Trainerstunden angeboten.

t Ski an der Biscayne Bay

Nicht weit von hier, im Norden des Causeway, ist die **Jet Ski Beach** – ebenfalls keine offizielle Bezeichnung. Doch auch hier zeigen Ihnen die vielen kleinen Jet Skis, daß Sie richtig sind. Dies ist

Der Cape Florida State Park

eine der wenigen Stellen in der Umgebung von Miami, wo die motorisierten Wasserskier nicht strikt verboten sind. Sie werden hier stunden- und halbtageweise zu annehmbaren Preisen vermietet. Neben Schwimmwesten gibt es auch eine Einweisung zum Umgang mit den starken kleinen Maschinen. Jet Skis sind zwar – zugegeben – recht geräuschvoll, doch sie machen viel Spaß. Der beliebte Strand etwas weiter den Causeway entlang nennt sich **Hobie Island**. Hier säumen dichte Reihen australischer Pinien das Wasser, und es stehen mehrere Picknickplätze zur Auswahl. Doppelrümpfige Katamarane (Hobie Cats) werden für Törns in der Bay vermietet. Sie eignen sich gut für kleinere Gruppen.

Wenn Sie von Jet Ski, Surfen und *Hobie Cats* genug haben, sehnen Sie sich vielleicht nach einem einsameren Strand. Folgen Sie dem Rickenbacker Causeway über **Virginia Key** auf die Insel Key Biscayne, wo er in den Crandon Boulevard übergeht. Fahren Sie am Crandon Park vorüber bis zum Ende der Insel, vorbei am Ortszentrum, dem Sonesta Beach Resort und dem Key Biscayne Yacht Club in die Einsamkeit des Erholungsgebiets **Bill Baggs Cape Florida State Recreation Area.**

Der Naturpark ist nach dem Zeitungsverleger Bill Baggs benannt, der sich für den Schutz der Insel engagierte. Der 1,6 Quadratkilometer große staatliche Park ist einer der größten Strände im Osten der Vereinigten Staaten und liegt bezüglich der Besucherzahlen an dritter Stelle in Florida. Hinein führt eine reizvolle Strecke, vorbei an dichten Pinien und Palmen, Kaninchen und Waschbären. Hier liegt die Betonung auf Naturidylle. Eingefleischte Strandgänger sind meist restlos begeistert. An Wochenenden ist etwas mehr los, unter der Woche findet man hier Ruhe und Einsamkeit. Für Autos wird eine Gebühr erhoben. Parkplätze sind vorhanden.

Am Ende des Parks liegt das **Cape Florida Lighthouse**, ein Leuchtturm aus roten Ziegeln von 1825. Ende des 19. Jahrhunderts wurde er von den Seminole-Indianern angegriffen, und während des Bürgerkrieges wurde er von Sympathisanten der Südstaaten beschädigt.

Der State Park Leuchtturm

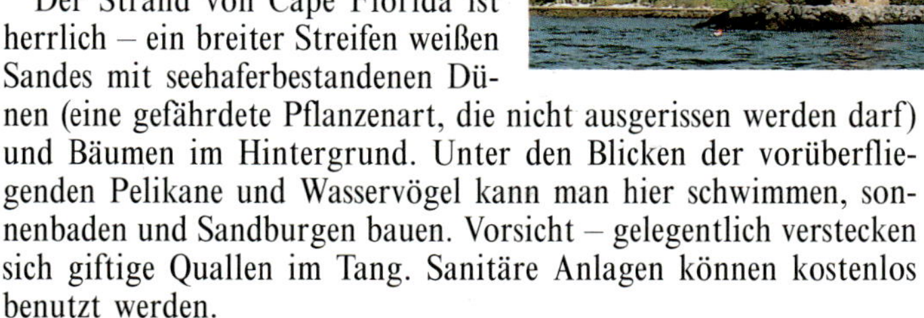

Vor der Küste liegt die Pfahlbautensiedlung **Stiltsville** und mehrere künstliche Riffe, die den Lebensraum bieten für tropische Fische, Korallen, Seeanemonen, Hummer, Krebse, Krabben und Schwämme.

Der Strand von Cape Florida ist herrlich – ein breiter Streifen weißen Sandes mit seehaferbestandenen Dünen (eine gefährdete Pflanzenart, die nicht ausgerissen werden darf) und Bäumen im Hintergrund. Unter den Blicken der vorüberfliegenden Pelikane und Wasservögel kann man hier schwimmen, sonnenbaden und Sandburgen bauen. Vorsicht – gelegentlich verstecken sich giftige Quallen im Tang. Sanitäre Anlagen können kostenlos benutzt werden.

Spülen Sie sich nach ein paar Stunden Strand unter der Dusche den Sand von der Haut, und wenn Ihnen dann der Sinn nach einem Drink steht, verlassen Sie den Park in Richtung Crandon Boulevard. So erreichen Sie **Sundays on the Bay**, ein ruhiges Restaurant mit Bar (5420 Crandon Boulevard, täglich von 11.30 Uhr bis Mitternacht geöffnet). Die Seemannsatmosphäre im „Sundays“ wirkt immer entspannend. Und ein Drink am frühen Abend, bei dem man beobachten kann, wie die Sonne langsam hinter der Stadt versinkt, ist das I-Tüpfelchen nach einem perfekten Tag am Strand.

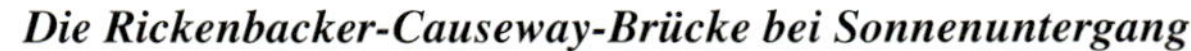

Die Rickenbacker-Causeway-Brücke bei Sonnenuntergang

Stimmungsvolles Coral Gables

5. Coral Gables

Folgen Sie dem Granada Boulevard zum Biltmore Hotel. Vom kühlen Venetian Pool aus ein Einkaufsbummel die Miracle Mile hinunter. Drinks im Place St Michel und Dinner im Yuca Restaurant ($$).

Coral Gables ist ein bezauberndes Städtchen im mediterranen Baustil mit gepflegten Grünflächen, exklusiven Restaurants und Geschäften. Sie erreichen es über den US1. Biegen Sie nach Westen auf den Granada Boulevard, eine der schönsten Straßen der Stadt. Obwohl Coral Gables sehr durchdacht angelegt ist, stellt es den ortsfremden Fahrer vor Probleme. Seine Avenues sind nach spanischen Städten benannt, und die Straßenschilder sind kleine, schlecht leserliche Ecksteine.

Wenn Sie unter der Metrorail durchfahren, liegt das rund einen Quadratkilometer große Gelände der **University of Miami** linker Hand. Die teure Privatuniversität, einst boshaft „Suntan-U" (Sonnenbade-Uni) genannt, hat eines der besten Footballteams der Vereinigten Staaten und etwa 14 000 Studenten. Der Granada Boulevard führt Sie vorbei an Dutzenden herrlicher Villen im spanischen und italienischen Stil im Schatten dichter *banyans*.

Unser erster Halt ist das mehrere Straßenzüge entfernte **Biltmore Hotel** jenseits der Bird Road. Halten Sie sich an der Kreuzung Granada/Anastasia Avenue links und fahren Sie dann noch zwei Blocks weiter. Das 18stöckige korallenfarbige Biltmore Hotel (1200 Anastasia) im mediterranen Stil liegt auf der linken Straßenseite. Davor befinden sich kostenlose Parkplätze. Das dem Giralda Tower in Sevilla nachempfundene Biltmore wurde 1926 erbaut und gilt offiziell als historische Stätte. In den „Roaring Twenties" war es die erste Adresse unter den Hotels Südfloridas. In seinem Swimmingpool fanden die berühmten Florida-Wasserballetts statt – zur Unterhaltung der Reichen und Schönen.

Jahrzehntelang war das Biltmore geschlossen und dem Verfall preisgegeben. In den achtziger Jahren wurde es restauriert und 1987 als Luxushotel wiedereröffnet. 1990 wurde es wegen finanzieller Schwierigkeiten erneut geschlossen. Ob in Betrieb oder nicht, das Biltmore ist in jedem Fall einen Abstecher wert. Nach einem Spaziergang durch das Hotelgelände fahren Sie wieder auf der Anastasia Avenue in gleicher Richtung weiter. Biegen Sie links in den Granada Boulevard ein und fahren Sie drei Straßenzüge weiter, bis Sie im Zentrum eines Kreisverkehrs einen Brunnen sehen –

Der Venetian Pool

den De Soto Fountain. Der De Soto Boulevard ist eine der Straßen, die von diesem Kreis abgehen. Auf ihm fahren Sie einen Block weiter.

Hier liegt rechts der **Venetian Pool** (2701 De Soto Boulevard, geöffnet montags bis freitags 11–18.30 Uhr, samstags und sonntags 10–16.30 Uhr). Parkmöglichkeiten gibt es direkt davor. Es wird eine kleine Eintrittsgebühr verlangt. Hier können Sie sich praktische (und kostenlose) Pläne von Coral Gables mit Hinweisen auf historische Stätten mitnehmen.

Der als schönste Badeanstalt der Welt bezeichnete Venetian Pool ist eine Süßwasserlagune in Korallenfelsen mit Höhlen, Wasserfällen und üppiger Landschaft. Venezianische Architektur und ein lieblicher Sandstrand ziehen täglich Hunderte von Einheimischen und Touristen an. Da der Pool jeden Abend abgelassen und morgens mit Quellwasser wieder frisch gefüllt wird, ist das Wasser immer angenehm erfrischend.

Nach dem Badevergnügen im Pool fahren Sie weiter auf den Coral Way. Ein paar Einbahnstraßen gestalten die kurze Strecke schwierig. Fahren Sie am besten noch einen Block weiter auf dem Soto Boulevard, biegen Sie links in die Toledo Avenue ein und überqueren Sie zwei Blocks weiter den Coral Way. 907 Coral Way ist das **Coral Gables House**, das hier George Merrick House heißt.

Das Biltmore Hotel

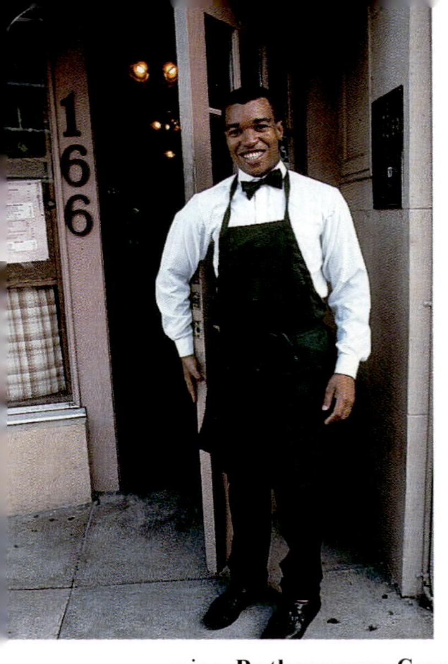

Dieses historische Juwel mit seinem vielgiebeligen Dach war das Heim des Planers von Coral Gables, George Merrick. Das Gebäude von 1899 aus gekörntem Kalkstein ist heute ein Museum. Führungen gibt es zwar nur sonntags und mittwochs 13 bis 16 Uhr, doch einen Blick durchs Fenster werfen und über das Anwesen bummeln kann man immer.

Folgen Sie nun dem Coral Way an den historischen Häusern vorbei bis zur Segovia Street, wo Sie sich rechts halten, fahren Sie einen Block weiter zum Biltmore Way und dann nach links. Ein paar Straßenzüge weiter kommen Sie an die Kreuzung Biltmore Way/LeJeune Road. Hier liegt links das halbkreisförmige **Rathaus von Coral Gables** im spanischen Renaissancestil. Hinter der LeJeune Road wird der Biltmore Way zur **Miracle Mile**.

Die „Mile“, wie sie im Volksmund heißt, ist eine Einkaufsstraße über vier Blocks mit 160 Boutiquen, Kunstgalerien, Buchläden und Lokalen. Die Miracle Mile ist Gables beliebteste Einkaufsmeile und nicht ganz so nobel, wie sie sich gerne den Anschein gibt. Die meisten Läden sind eher durchschnittlich, nur wenige etwas extravaganter. An beiden Straßenseiten stehen Parkuhren. Suchen Sie sich einen Parkplatz und bummeln Sie ein wenig durch die Gegend.

Vier Straßenzüge nördlich der Miracle Mile liegt das **Place St Michel** (162 Alcazar Avenue). Das 28-Zimmer-Hotel und Restaurant

Die Miracle Mile City Hall

Mangofrüchte

ist eines der feinsten Häuser im Umkreis. In dem mit Antiquitäten und exotischen Blumen ausgestatteten Café im europäischen Stil können Sie bei einem Gläschen Wein durchs Fenster den Innenstadtverkehr von Coral Gables beobachten.

Spazieren Sie die zwei Blocks nach Osten zur Aragon Avenue. Hier lohnt sich ein Besuch in **Books and Books**, 296 Aragon (Mo - Sa 10 - 19 Uhr, So 12 - 17 Uhr). Es zählt zu den besten Buchhandlungen Südfloridas. Das Geschäft ist ein gelungener Bau im mediterranen Stil mit angenehmer Atmosphäre. Hier treffen sich Miamis Literaturfreunde gern zu Lesungen und Vorträgen.

Der letzte Programmpunkt in Coral Gables ist das Dinner im **Yuca Restaurant** (Mo - Fr 12 - 23 Uhr, Sa und So 18 - 24 Uhr), 177 Giralda, ein Block nördlich der Aragon Avenue. Yuca ist nicht nur ein beliebtes Lokal mit kubanischer Küche, sondern auch das in Miami übliche Kürzel für Young-Upscale-Cuban-Americans (junge erfolgreiche Kubano-Amerikaner). Das Restaurant ist einer der In-Treffs in Miami.

Das Hotel Place St Michel

6. Little Havana

Lunch im Versailles. Vom Woodlawn Park Cemetery zu einem Tropentraum in der Kings-Cream-Eisdiele. Ein Besuch des Domino Park, des Bay of Pigs Monument und der El-Credito-Zigarrenfabrik. Und schließlich ruhiger Ausklang im Miami River Inn und dem nahen Jose Marti Park.

Little Havana ist vorwiegend kubanisch geprägt. Englisch hört man selten. Die warme, südländische Lebensart des Inselvolkes spürt man dagegen an jeder Ecke. Hierher kommen Sie am besten über die Flagler Street westlich der I-95 oder US1. Folgen Sie der Flagler bis zur Douglas Road (37th Avenue), wo Sie links abbiegen und ein paar Blocks weiter auf die SW 8th Street stoßen, die die Einheimischen Calle Ocho nennen. Hier halten Sie sich links. Die Calle Ocho ist die Hauptgeschäftsstraße von Little Havana. Hier findet auch das **Calle Ocho** genannte ausgelassene Straßenfest statt. Jeden März füllt das Festival die Straße über 23 Häuserblocks mit

Das Calle Ocho Festival

Salsa-Rhythmen, kreisenden Schultern, schwingenden Hüften und wippenden Körpern. Dieses größte lateinamerikanische Fest in den USA zieht jedes Jahr eine Million Besucher an.

Unser erster Programmpunkt in Little Havana ist das Mittagessen im **Versailles Restaurant** (3555 SW 8 Street, täglich von 8 bis 2 Uhr, $). Das Versailles, das kubanische Lokal schlechthin, ist herrlich kitschig eingerichtet, mit Kristallüstern und verspiegelten Wänden. Mittags wird es gern von einheimischen Geschäftsleuten aufgesucht, doch Tischreservierungen sind trotzdem nicht erforderlich. Es gibt hier ausgezeichnete kubanische Küche: Schweinebraten, gebratene Plantain-Bananen, Reis und Bohnen. Das laute, herzliche Publikum dieses Lokals gibt einen Vorgeschmack auf das Leben in Little Havana. Verkneifen Sie sich aber ein Dessert. Heben Sie sich lieber noch etwas Appetit für den geplanten Eisdielenbesuch auf.

Steigen Sie wieder ins Auto und fahren Sie auf der 8th Street nach Osten. Ein paar Blocks entfernt liegt der **Woodlawn Park Cemetery** (3200 SW 8th Street). Zwar besuchen manche Leute nicht gerne Friedhöfe, doch dieser hier vermittelt tiefe Einblicke in die Gesellschaft von Little Havana. Eine Rundfahrt durch das idyllische Gelände zeigt den Einfluß der kubanischen Revolution von 1959 auf Miami. Hier liegen neben wohlhabenden, bedeutenden Exilkubanern auch drei ehemalige kubanische Präsidenten sowie der nicaraguanische Diktator Anastasio Somoza, dessen Grabstein nur die Initialen AS zieren.

Straßenverkauf kubanischer Sandwiches

Typisches Calle-Ocho-Wandgemälde

Fahren Sie nun weiter nach Osten, vorbei an **Bellas Artes** (2173 SW 8th Street, Tel.: 325-0515). Bellas Artes ist ein spanischsprachiges Theater für die kubanische Bevölkerung. Die Vorstellungen an den Freitag-, Samstag- und Sonntagabenden sind durchweg sehenswert. Es wird alles gespielt, von ernsten Dramen bis zu komischen Farcen z.B. über den Sturz Fidel Castros. Das johlende, applaudierende Publikum ist beinahe genauso unterhaltsam wie das Programm selbst.

Unser nächster Halt ist die **King's Cream Eisdiele** (1831 SW 8th Street) mit kostenlosen Parkplätzen gleich davor. Die Eissortenauswahl im King's Cream ist ein Tropentraum: Guave, Mango, *mamey*, Kokos, Ananas, Papaya – alle aus frischen Früchten und Sahne. Parken Sie Ihr Auto irgendwo in der näheren Umgebung und gehen Sie von hier aus zu Fuß. Ein paar Blocks weiter im Osten kommen Sie an Geschäften vorbei, wie es sie früher in Havanna gab – ein schöner Einblick in die kubanische Kultur: modische Kleiderboutiquen, Stände mit kubanischem Kaffee, Reklametafeln, Menüs und Straßenschilder in spanischer Sprache und natürlich *gurapo*, frisch gepreßter Zuckerrohrsaft.

Bedienungen im Versailles

An der Ecke 8th Street/ 15th Avenue ist der **Maximo Gomez Park**, besser bekannt als **Domino Park**. Hier treffen sich im umfriedeten Hof ältere Kubaner zu einer hitzigen Partie Domino, bei der sie von der guten alten Zeit in Kuba plaudern. Heftiges Gestikulieren und dramatische Temperamentsausbrüche gehören dazu. Die Parkwächter halten sich an die Regel, nach der Männer über 55 keinen Zutritt haben, doch für Touristen (auch weibliche) wird eine Ausnahme gemacht.

An der 8th Street ist nicht weit von der 14th Avenue entfernt ein **McDonald's Restaurant**. Normalerweise wäre das nicht weiter erwähnenswert, doch hier wird *café Cubano* mit *juevo*-McMuffins serviert, und die ganze Karte ist in Spanisch gehalten.

Einen Straßenzug weiter östlich, nicht weit von der Ecke des Cuban Memorial Boulevard (13th Avenue), ist das **Bay of Pigs Monument**. Das Denkmal erinnert mit seinem ewigen Licht an die Männer, die 1961 bei der gescheiterten Landung in der Schweinebucht in Kuba ihr Leben verloren. Kubanische Kinder legen hier

Blumen nieder und beten für eine Heimat, die sie nie sahen.

Gleich um die Ecke ist **Los Pinarenos** (1334 SW 8th Street), ein kubanischer Obstmarkt mit erntefrischen tropischen Früchten. Gleich gegenüber liegt die **Casa de Los Trocos** – das Haus der Tricks. In diesem aus Havanna hierher verpflanzten Geschäft kann man Kostüme, Horrormasken, Zaubertricks und Spielzeug für Erwachsene kaufen.
An der Ecke SW 12th Street ist **La Esquina de Tejas**, ein kubanisches Lokal, das immer noch von dem Tag zehrt, als Ronald Reagan auf seiner Wahlkampagne hier zu Mittag aß. Sein Foto hängt an der Wand. In der 8th Street nicht weit von der 11th Avenue sind zwei Dinge sehenswert: **Botanica la Abuela**, ein kleiner Laden mit Devotionalien für Katholiken und Anhänger des Geheimkults Santeria, einer Art Voodookult, und die nahegelegene **El Credito Cigar Factory** (1106 SW 8th Street, Mo - Sa 8 - 17 Uhr).

Die Zigarrenfabrik El Credito, 1907 in Kuba gegründet, folgt immer noch einer althergebrachten Philosophie über die Kunst der Zigarrenherstellung. Besucher können Dutzende von Arbeitern dabei beobachten, wie sie riesige Tabakblätter glattstreichen, zuschneiden und dann mit der Hand die berühmten dicken Zigarren rollen. Die Atmosphäre und auch das antike Mobiliar erinnern an das Havanna von 1950. Schwerer Tabakgeruch liegt in der Luft. Spanische Musik untermalt das Geplauder der Arbeiter, und unzählige Zigarrenkisten werden als Souvenirs verkauft.

Von hier können Sie der 8th Street zurück zum Auto folgen, oder Sie gehen statt dessen noch einen Block nach Norden und dann auf der SW 7th Street nach Westen. Die SW 7th Street ist ein Wohngebiet. Hier stehen kleinere Wohnblocks und Einfamilienhäuser, manche mit katholischen Votivbildern davor und

Eine Zigarre entste

Im Miami River Inn

lärmenden Hähnen dahinter. Vom Parkplatz von King's Cream aus fahren Sie dann auf der 8th Street nach Osten bis zur 5th Avenue und dann links, sechs Häuserblocks die SW 2nd Street entlang. Wenn Sie jetzt rechts abbiegen, sehen Sie einen Block weiter den Miami River vor sich. Hier am SW South River Drive lassen Sie Ihr Auto stehen. Linker Hand liegt der **Miami River Inn**, ein historisches Gasthaus. Das erst vor kurzem restaurierte Anwesen steht im National Register of Historic Places. Es besteht aus vier Holzgebäuden, die zwischen 1906 und 1914 erbaut wurden. Seine 41 Zimmer sind mit zeitgenössischem Inventar, bauschigen Pastellstoffen und Badewannen auf Tierfüßen eingerichtet. Das Gelände um das Hotel bietet einen angenehm friedlichen und schönen Kontrast zur Hektik der ansonsten etwas heruntergekommenen Gegend.

Gegenüber liegt der **Jose Marti Park**. Der nach dem berühmten kubanischen Autor und Patrioten benannte 40 000 Quadratmeter-Park hat einen Swimmingpool in Wettkampfgröße und ein Labyrinth von roten Ziegelwegen, die zum Fluß hinunterführen, wo rostige alte Frachter, voll beladen mit gestohlenen Fahrrädern, auf das Signal zum Ablegen in Richtung Karibik warten. Den Hintergrund bildet die Skyline Miamis. Der Park ist tagsüber voller Schulkinder und Mütter mit Kinderwagen. Mit Einbruch der Dunkelheit wirkt er dagegen etwas unheimlich.

Der Jose Marti Park

Geschenkeladen am Cauley Square

7. Die Attraktionen des Südens

Das vom Hurrikan „Andrew" heimgesucht südliche Dade County erholt sich langsam wieder. Wir besuchen ein Gebiet, das vor allem wegen seiner exotischen Lebewesen berühmt ist, sowie den Miami Metrozoo.

Der Südzipfel von Dade County hatte am meisten unter den Naturgewalten zu leiden, die im August 1992 losbrachen. Der schlimmste Sturm in der Geschichte Amerikas tobte mit 260 Stundenkilometern über das Land, zerlegte die hölzernen Bauten der Region und fügte der Landwirtschaft beträchtlichen Schaden zu. Die Innenstadt von Miami blieb wie durch ein Wunder fast unversehrt. Die Betroffenen machten sich jedoch unmittelbar danach an den Wiederaufbau. Unterstützt vom Roten Kreuz, 7 000 Soldaten und Spenden aus der ganzen Welt, wurde (und wird) eine gründliche Restauration durchgezogen, auf deren Ende man gespannt sein darf. Der Metrozoo öffnet Anfang 1993 wieder, andere Attraktionen folgen in Kürze, da die Regierung das größte Interesse daran hat, den „Sunshine"-Staat wieder auf die Beine zu stellen.

Im Orchid Jungle

Dieser Ausflug hat deshalb einen leicht nostalgischen Touch, da er sie zu vielen Stellen führt, wo mal was war, aber nicht mehr ist. Nichtsdestotrotz lohnt es sich, da die bereits eingeleiteten Restaurationen die Gegend eher noch interessanter machen.

Unser erster Halt ist der **Cauley Square Tea Room** (22400 South

Dixie Highway, Mo - Sa 10 -16.30 Uhr, Tel.: 258-3543). Hierher gelangen Sie über den US1 nach Süden, der hier South Dixie Highway heißt, bis zur SW 224th Street. Das sind von Miami-Stadt aus 40 Autominuten auf einem recht reizlosen Highway durch Gewerbegebiet. Die historischen Gebäude aus Stuck und Korallenfels im spanischen Stil, die den Cauley Square bilden, liegen links vom Highway. Gratisparkplätze sind vorhanden.

Der ehemalige Eisenbahnerort liegt immer noch an den manchmal lauten Schienensträngen und vermittelt ein Bild vom Südflorida früherer Tage. Der Tea Room des Cauley Square war wie ein Ausflug in die Vergangenheit, mit Spitzendeckchen, Kristall und Antiquitäten in allen Ecken. Die 40 000 Quadratmeter des Cauley Square boten zwei Dutzend Fachgeschäften Platz, darunter Mary Ann Ballards Antiquitäten- und Buchhandlung, Secondhand-Kleidung, einheimisches Kunstgewerbe, Töpfereien, Blumen, Schmuck und Kristall, Parfümerie, Spielzeugladen und anderen. Zweifellos wird es hier bald auch wieder gute Lokale geben, in denen Sie sich stärken können.

Nach der Entdeckungsreise durch den Cauley Square geht es nun zu anderen Zielen. Für alle drei der folgenden Attraktionen wird die Zeit wohl nicht reichen. Am besten Sie nehmen sich nur eine vor. Da ist zunächst der **Orchid Jungle** (26715 SW 157th Avenue, täglich 8.30 - 17.30 Uhr, Tel.: 247-4824). Ihn erreichen Sie über den US1. An der Kreuzung SW 272th Street fahren Sie rechts und nach zwei Blocks wieder rechts. Von hier sehen Sie die Stelle, wo früher der Eingang zu Orchid Jungle war.

Der Orchid Jungle ist ein fruchtbares Anbaugebiet, das einer 200-Millionen-Dollar Industrie landwirtschaftlicher Erzeugnisse als Basis diente. Eldorado für alle Freunde exotischer Pflanzen. Hier werden Blüten aus den entferntesten Winkeln der Erde gezüchtet und verkauft. Schwer hängt der berauschende Duft von Tausenden

Im Metrozoo

Typisches Landhaus

von Orchideen, Veilchen und Bromelien in der Luft. Ein beheiztes Gewächshaus mit Topfpflanzen sowie eine Zucht mit Babyorchideen sind für die Besucher zugänglich. Es werden auch Führungen in mehreren Sprachen durchgeführt. Im Freien führt ein Weg unter mächtigen Eichen hindurch an Skulpturen vorbei und zeigt, wie die Pflanzen in ihrer natürlichen Umgebung wirken.

Fahren Sie vom Orchid Jungle aus auf der SW 157th Avenue nach Norden bis zur SW 216th Street und dann rechts. Nach ein paar Blocks liegt vor Ihnen der Eingang zum **Monkey Jungle** (14805 SW 216th Street, täglich 9.30 - 17 Uhr, Tel.: 235-1611, geringe Eintrittsgebühr). Das dicke Laub tropischer Gewächse und amazonischer Regenwald bieten im Monkey Jungle ideale Bedingungen für 50 Arten von Affen – insgesamt 500 Tiere. Der Monkey Jungle ist eine der ältesten zoologischen Einrichtungen Miamis und vermittelt Wissen über die Tiere, die uns Menschen entwicklungsgeschichtlich am nächsten stehen.

Der Metrozoo

Weiter nördlich liegt der **Miami Metrozoo** (12400 SW 152nd Street, täglich 9.30 - 17.30 Uhr, Tel.: 251-0400, geringe Eintrittsgebühr). Hierher gelangen Sie über die SW 216th Street nach Westen bis zur SW 147th Avenue, dann links in nördlicher Richtung auf der SW 152nd Street, rechts und geradeaus bis zum Zooeingang. Der Metrozoo ist ein gut ein Quadratkilometer großes Freigehege, das als eines der besten des ganzen Landes gilt. Über 100 Tierarten durchstreifen hier eine Landschaft, die den natürlichen Lebensräumen ihrer Heimat nachempfunden ist. Der Zoo hat sich besonders auf tropische Tiere aus Afrika, Asien und Australien spezialisiert, die sich im warmen Klima Floridas wohl fühlen. Attraktionen sind auch eine Familie der seltenen weißen bengalischen Tiger und drei Koalabären.

Mehrere durch Gräben getrennte Inseln bilden die Minireiche von Giraffen, Känguruhs, Elefanten, Nashörnern, Orang Utans und Gazellen. Eine Bahnfahrt auf erhöhten Gleisen mit Kommentar bietet einen schönen Überblick über diesen weiträumigen Zoo. Der Streichelzoo **Paws** ermöglicht Kindern einen wirklich hautnahen Kontakt zu Kleintieren verschiedenster Arten.

Wings of Asia, eine über 6000 Quadratmeter große Voliere, beherbergt 300 exotische Vogelarten in einer tropischen Regenwaldlandschaft mit Wasserfällen, Hartholz und Dschungellaub.

HYATT

1. Die Everglades

Den Tamiami Trail hinunter zu Coopertown's zu einer Fahrt mit dem Luftkissenboot. Zu den von Menschenhand gefertigten Attraktionen von Frog City und Everglades Safari Park. Dann ein echt indianisches Essen im Miccosukee Restaurant ($) und eine Tour durch Miccosukee Village. Und schließlich noch Wildniserlebnis im Shark Valley.

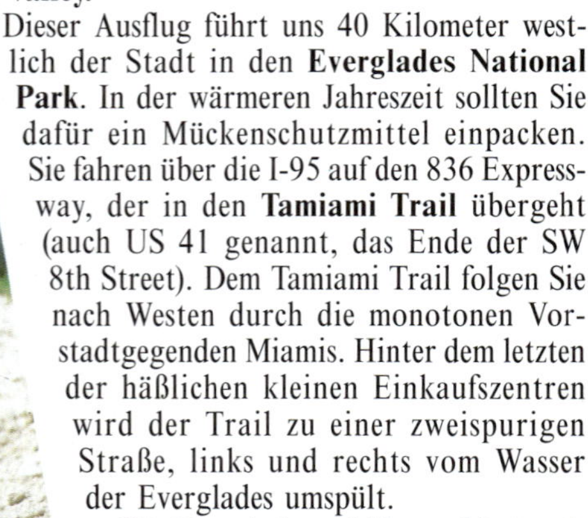

Dieser Ausflug führt uns 40 Kilometer westlich der Stadt in den **Everglades National Park**. In der wärmeren Jahreszeit sollten Sie dafür ein Mückenschutzmittel einpacken. Sie fahren über die I-95 auf den 836 Expressway, der in den **Tamiami Trail** übergeht (auch US 41 genannt, das Ende der SW 8th Street). Dem Tamiami Trail folgen Sie nach Westen durch die monotonen Vorstadtgegenden Miamis. Hinter dem letzten der häßlichen kleinen Einkaufszentren wird der Trail zu einer zweispurigen Straße, links und rechts vom Wasser der Everglades umspült.

Die Everglades, 1947 zum Nationalpark erklärt, sind eigentlich ein seichter, langsamer Fluß, der wie ein feuchter Grasteppich wirkt. Der Charme dieser Landschaft, die auf Neuankömmlinge oft enttäuschend reizlos wirkt, erschließt sich erst nach einiger Zeit. Das 160 Kilometer lange und 80 Kilometer breite Gebiet stellt ein Ökosystem dar, in dem Hunderte von Tierarten wie Alligatoren, Krokodile, Seekühe, Rehe, Otter, Störche, Schildkröten und Adler leben. Hier liegen Hartholzwälder, dichte Kiefernbestände und undurchdringliche Mangrovensümpfe und vermitteln einen Einblick in die Erdgeschichte. Als Haupttrinkwasserlieferant sind die Everglades für Südflorida lebenswichtig

und doch bedroht. Die beim Ackerbau verwendeten Chemikalien gelangen ins Wasser, und die wachsende Stadt nagt an den Grenzen des Schutzgebiets.

Unsere erste Station am Tamiami Trail ist **Coopertown's** (täglich 8 bis 19 Uhr, Tel.: 226-6048). Für eine Fahrt mit dem Luftkissenboot zählt Coopertown's zu den besten Anbietern. Die PS-starken, abgeflachten Boote gleiten aufregende 30 Minuten lang über die Glades in dichtes Sumpfgebiet.

Die Führer erzählen Geschichten aus den Glades und legen gewöhnlich eine Pause ein, um ihre Lieblingsalligatoren mit Marshmallows zu füttern. Es ist kein allzu teurer Spaß, und Ohrstöpsel gegen den Motorenlärm sind inbegriffen.

Nach diesem Ausflug ins Feuchtgebiet folgen Sie dem Trail weiter bis nach **Frog City**. Neben Luftkissenbooten sind Wildschweine und eine Alligatorfarm Frog Citys ganzer Stolz. Am Eingang steht ein mächtiger afrikanischer „Würstchenbaum" – so genannt wegen der exotischen wurstförmigen, bis 60 Zentimeter langen Früchte. Die nächste Sehenswürdigkeit des Trail ist der **Everglades Safari Park** (täglich von 8.30 bis 17 Uhr), eine im Disney-Stil kommerzia-

Bewohner des Everglades National Park

Traditionelle Miccosukee-Stoffe

lisierte Touristenattraktion mit Wildlife Museum, Alligatorringen, Bootsfahrten und Naturpfaden. Eintrittsgebühren gering. Unser nächster Halt am Trail ist Lunch im **Miccosukee Restaurant** (täglich geöffnet). In dem am Ufer des Flusses gelegenen Holzbau ist auch ein indianisches Informationszentrum untergebracht. Hier gibt es echt indianische Küche: Froschschenkel, Katzenwels, Kürbis und gebratenes Brot. Nach dem Lunch fahren Sie noch etwa eineinhalb Kilometer bis ins **Miccosukee Indian Village** (täglich 9 - 17 Uhr). Hier stellt sich dieser Indianerstamm Floridas vor und veranstaltet die unvermeidlichen Alligatorringkämpfe.

Die Miccosukee sind eine Nebenlinie der Florida-Seminolen und wurden 1962 von der US-Regierung offiziell als amerikanischer Stamm anerkannt. Wie die meisten Indianer in den Vereinigten Staaten versuchen auch sie, soviel wie heutzutage möglich von ihren Traditionen zu bewahren. Besuchern wird vor allem die Lebensart und Sprache des Stammes nahegebracht. In einem Andenkenladen können Sie indianische Handarbeiten, Töpfe, Mokassins, Perlenschmuck und die traditionelle Miccosukee-Kleidung aus Patchwork erwerben. Geringe Eintrittsgebühr.

Fahren Sie zurück auf den Trail und nach Osten auf das letzte Ziel des Tages zu: **Shark Valley** (täglich 8.30 bis 18 Uhr, mäßige Eintrittspreise, Tel.: 221-8455). Shark Valley ist Teil des Everglades National Park und liegt an der Quelle des Shark River. In dieser abgelegenen, geschützten Gegend lassen sich gut Alligatoren, Schlangen, Schildkröten und seltene Vögel beobachten. Den 25-Kilometer-Rundweg kann man per Bahn mit Führer, mit dem Rad oder zu Fuß erkunden.

2. Key Largo

Auf dem Overseas Highway nach Key Largo. Besuchen Sie den Caribbean Club und die „African Queen", beide durch die Filmindustrie berühmt. Nach dem Essen Besichtigung des ersten Unterwasserparks der Staaten, John Pennecamp. Dinner im Crack'd Conch ($). Badesachen, Handtücher und Sonnenschutz nicht vergessen!

Die Florida Keys sind eine feuchtwarme Inselkette, umspült vom klarsten Wasser der nördlichen Hemisphäre. Die oberen Keys sind etwa eineinhalb Autostunden von Miami entfernt – ein schönes Ziel für einen Tagesausflug. Fahren Sie auf dem Florida Turnpike westlich der Stadt nach Süden. Er geht in den US1 über, der auf den Keys nur Overseas Highway heißt. Auf der Fahrt nach Süden liegt links vom Highway der Atlantik, rechts der Golf von Mexiko. Kleine grüne Entfernungsschilder säumen den Highway. MM0 ist Key West, die südlichste Insel. Sie kommen an unzähligen kleinen Motels, Yachthäfen, Muschelläden und Fischrestaurants vorbei und haben immer wieder märchenhafte Blikke aufs Meer.

Mit der Überquerung der Jewfish-Creek-Brücke betreten Sie offiziell die Keys, und zwar am Nordende von Key Largo. Die Insel hieß ursprünglich Rock Harbor, wollte aber vom Erfolg des hier (und im Studio in Hollywood) gedrehten romantischen Films *Key Largo* mit Humphrey Bogart und Lauren Bacall profitieren und änderte 1948 ihren Namen. Unsere erste Station auf dem US1 ist der

Der Caribbean Club

Caribbean Club bei MM 104. Hier wurden die Innenszenen von *Key Largo* gedreht. Heute ist es eine gemütliche Einheimischenbar. An den sonst schmucklosen Wänden hängen Fotos von Filmszenen. Hinter dem Gebäude befinden sich Picknicktische mit Blick über den Golf. Laut Schild ist rund um die Uhr geöffnet, doch in Wirklichkeit nur von etwa 7 bis 4 Uhr, wie Insider wissen.

Nach dem Abstecher zu diesem namhaften, doch etwas heruntergekommenen Lokal folgen Sie dem Highway nach Süden bis zum **Holiday Inn Key Largo Resort** bei MM 100.

Hier im hoteleigenen Yachthafen steht ein weiteres Filmdenkmal – die originale, neun Meter lange *African Queen*, die neben Katherine Hepburn und Humphrey Bogart im gleichnamigen Film zu sehen war. Das dampfbetriebene Holzschiff fährt heute Touristen 30 Minuten lang über einen Kanal auf den Ozean hinaus. Das ist ein verflixt teurer Spaß, doch echte Filmfans können selten widerstehen. Nach einem Blick auf die altehrwürdige „Queen“ können Sie zu einem zeitigen Lunch ins Holiday-Inn-Restaurant einkehren.

Nach dem Essen fahren Sie dann zurück nach Norden auf den US1 zu MM 102, wo unser Nachmittagsziel liegt, der **John Pennecamp Coral Reef State Park** (täglich 8 Uhr bis Sonnenuntergang, Tel.: 451-1202, am Tor werden ein paar Dollar Eintritt verlangt). Dieser erste Unterwasserpark der USA besteht aus einem 460 Quadratkilometer großen Ozeangebiet mit Mangrovensümpfen, Korallenriffs und ausgedehnten Seegraswiesen. Zum eigentlichen Parkgelände gehören Wege durch Mangrovenwald, ein Souvenirladen mit Snackbar, ein Kanutenstrand und ein angenehm klimatisiertes Besucherzentrum mit lehrreichen Meeresexponaten.

Die eigentliche Attraktion des Parks ist jedoch ein Riff acht Kilometer vor der Küste, Heimat von Wasserpflanzen, Krabben, Muränen, Schwämmen, Korallen und über 650 Arten von Tropenfischen und ein Paradies für Tauchanfänger und -profis. Neben der natürlichen Schönheit ist in sechs Metern Tiefe eine 2,70 Meter hohe Bronzeskulptur namens *Christ of the Deep* – Christus der Tiefe – zu bewundern. Den ganzen Tag über fin-

Im John Pennecamp Park

den Fahrten mit Glasbodenbooten und Schnorchel- und Tauchtouren zum Riff statt. Ausrüstung kann für zwischen $10 und $100 geliehen werden – je nach Gerät.

Wenn Sie nach einem Nachmittag am Riff wieder trockene Sachen am Leib haben, geht es zurück nach Miami. Vorher steht aber noch ein Fischessen in einem renommierten Lokal des Ortes an.

Fahren Sie nach dem Verlassen Pennecamps nach rechts und bis MM 105 nach Norden – zum **Crack'd Conch** (mittwochs Ruhetag, Tel.: 451-0732). Conch (hier „conk" gesprochen) ist nicht nur eine eßbare Muschelart der Florida Keys, sondern auch die Bezeichnung für Leute, die auf den Keys geboren wurden und deren Vorfahren oft von den nahen Bahamas stammen. Im Zuckerbäckerhäuschen mit Bambuseinrichtung des Crack'd Conch werden regionale Spezialitäten wie fritierte Muscheln, Muschelsuppe und gebratener Fisch serviert – und über 80 Sorten kühles Bier.

Geheimnisse unter der Oberfläche

Einkaufen

„Was kauft man hier am besten als Andenken?“ ist die fast schon klassische Touristenfrage. In Miami werden hauptsächlich Designerklamotten und Elektrogeräte, aufblasbare Alligatoren oder Dosen voll Sonnenschein gekauft. Doch hier ein paar weniger banale Vorschläge:
Im Indianerdorf der Miccosukee westlich der Stadt am Tamiami Trail werden die schönsten „Eingeborenen“-Souvenirs dieser Gegend angeboten – handgenähte Kleidung aus bunten Stoffstücken. Die Patchwork-Jacken, -Kleider, -Röcke und -Hemden sind teilweise recht schön. Dann gibt es noch die handgerollten Zigarren von Little Havana. Sie wurden mit der ersten Flüchtlingswelle aus Kuba hier eingeführt und sind sehr stark. Sie werden in El Credito in einem kleinen Lagerhaus an der SW 8th Street hergestellt und geben – abends zum Cognac – ein schönes Urlaubsandenken ab.

In den traditionellen Einkaufsstraßen und Arkaden Miamis kauft nicht nur der Einheimische, was er täglich so braucht, sondern man sieht hier auch viele potentielle Kunden aus der Karibik und Lateinamerika, die mit leeren Koffern nach Miami kommen und auf der Suche nach Schnäppchen und Dingen sind, die sie zu Hause nicht bekommen. Als Tourist kann man hier gut Bade- und Strandbekleidung kaufen. Die im folgenden aufgeführten Geschäfte sind recht beliebt und meist sieben Tage die Woche geöffnet.

Bayside Marketplace

Die flippigen Arkaden gleich am Wasser in der Innenstadt sind voller Neonreklamen und Schnickschnack. Über 100 Läden, Stände und Dutzende von Restaurants. Hier finden Sie nette Kleinigkeiten für gute Freunde.

igur des Santeria-Kults, Little Havana

Bal Harbour Shops

Diese überdachte Einkaufspassage im exklusiven Bal Harbour nördlich von Miami Beach ist für seine kleinen Designerläden wie Gucci, Cartier, FAO Schwarz und Fendi bekannt und auch für Filialen der größeren Ketten wie Neiman Marcus und Saks Fifth Avenue. Eine gute Adresse für Kosmetik. (Kostenlose Parkplätze.)

Cauley Square

Der südlich von Miami am US1 gelegene Cauley Square bietet eine erlesene Sammlung von verschiedenen Antiquitäten- und Kunstgewerbeläden, Kunstgalerien, ein exotisches Vogelhaus, eine Bäckerei und einen gemütlichen Tea Room. (Sonntags geschlossen.)

Dadeland Mall

Diese noble Einkaufsmeile hat neben fünf „Anchor Stores" über 170 Fachgeschäfte für Schuhe, Accessoires und Schmuck zu bieten und auch einen internationalen Lebensmittelmarkt. Hier finden Sie Kleidung in guter Qualität zu günstigen Preisen.

Downtown Miami

Im Gebiet um Flagler Street und South Miami Avenue gibt es Dutzende kleiner Elektronik- und Schmuckläden. Hier tummeln sich immer Hunderte von Südamerikanern. Interessant sind Radios, Stereoanlagen, Videogeräte, Computer, Fernseher, Goldketten und Designer-Sonnenbrillen. (Sonntags geschlossen.)

Espanola Way

Espanola Way ist eine Ost-West-Verbindung im Süden von Miami Beach mit Kunst- und Antiquitätenhandlungen und ein paar ausgefallenen Boutiquen, wo Liebhaber verrückter Klamotten auf ihre Kosten kommen. Rundum sind zahllose Cafés und billige kubanische Restaurants. (Sonntags geschlossen.)

The Falls

Im Süden von Dade County liegt das gehobene Einkaufszentrum *The Falls*, wo ein Wasserfall in

Blumenverkäuferin in Coconut Grove

einen Süßwasserteich rauscht. Hier sind Miamis einzige Filiale von Bloomingdale's, ein gutes Sportgeschäft und modische Boutiquen wie Banana Republic und Victoria's Secret zu finden.

Mayfair/Cocowalk

Diese beiden nebeneinanderliegenden Einkaufspassagen ziehen täglich Tausende ins Zentrum von Coconut Grove. Während Mayfair vor allem teure europäische Boutiquen beherbergt, gibt es in Cocowalk erschwinglichere, doch nicht minder attraktive Angebote.

Miami Design District

Hier sind in mehreren Räumen Einrichtungsgegenstände von Artdeco-Möbeln bis zu tropischen Geweben ausgestellt. Liegt von NW 36th bis 41st Street zwischen NE 2nd Avenue und North Miami Avenue. (Sonntags geschlossen.)

Miracle Center

Auf dem Coral Way in Coral Gables liegt dieser häßliche große Neubau, der auf mehreren Etagen Fachgeschäfte und Kinos beherbergt. Hier haben Sie eine große Auswahl an Jeans, Sonnenbrillen und Sportkleidung. (Kostenlose Parkplätze.)

Der kubanische Markt in Little Havana

Omni International Mall

Im Omni International Hotel im Stadtkern auf zwei Ebenen: einige größere Kaufhäuser, Boutiquen, Restaurants, ein Karussell und ein Freizeitzentrum für Kinder. (kostenlose Parkplätze.)

Die Restaurantpalette Miamis ist bunt gemischt mit karibischen und lateinamerikanischen Einflüssen, gutbürgerlicher Südstaatenküche und einem Schuß jüdischer Tradition. Die hier angebauten tropischen Zutaten sind Hauptbestandteil der meisten Gerichte. Auch Meeresfrüchte – besonders einheimische Fische, Krebse und Krabben – sind zu empfehlen. Exotische Früchte wie Papayas, Guaven, Kokosnüsse und Mangos finden überall Verwendung, vor allem in Desserts und Drinks.

Kubanische Lokale haben oft spanische Speisekarten und sind aus Miami nicht mehr wegzudenken. Beliebte Speisen sind *morros y cristianos* – schwarze Bohnen und Reis, *calabaza* – süßer Kürbis, *plantanos* – gebratene Bananen, *picadillo* – Hackfleisch mit Oliven auf Reis und *flan* – schwerer Pudding. Starker kubanischer Kaffee wird in kleinen Täßchen auf Schritt und Tritt serviert.

Zu den jamaikanischen Spezialitäten gehören Ziegencurry und pikante Fleischpastetchen. Fritierte Muscheln und Muschelsalat kommen von den Bahamas. Bedingt durch den hohen Anteil an Juden in Miamis Bevölkerung, bieten die Feinkostläden der Region die beste Leber, *matzoh*-Klößchensuppe und scharfes *pastrami* auf Roggen an. Und schließlich noch die regionalen Spezialitäten wie gebratenen Alligator und *key lime pie*, einen Kuchen aus hiesigen Limonen, den es zum Nachtisch gibt.

In den folgenden Restaurants finden Sie eine gute Auswahl der besten Gerichte Miamis in den Preiskategorien ($) weniger als $10, ($$) $10 bis 20 und ($$$) über $20, jeweils für ein Essen der mittleren Preisklasse ohne Getränke.

Frühstück

Cafe Terrace ($)
595 Commodore Plaza, Coconut Grove. Tel.: 446-6090.
Freiluftcafé mit gewaltigen Muffins, Quiches und Feinschmeckerhäppchen von einer buffetartigen Theke. Große Auswahl fremdsprachiger Zeitungen am nahen Zeitungsstand.

JJ's American Diner ($)
101 Aragon Avenue, Coral Gables. Tel.: 448-6886.
Dicker „French toast", Pfannkuchen, knuspriger Schinkenspeck. Alle Arten amerikanischen Frühstücks.

News Cafe ($)
800 Ocean Drive, Miami Beach. Tel.: 538-639.

Tische draußen, mit Blick auf den Ozean und eine Menge Models, die hier ihren Arbeitstag beginnen. Hausgemachte Brote und Muffins, Schalen mit *granola,* frische Omeletts.

Royal Palm Court ($)
100 Chopin Plaza,
Hotel Inter-Continental.
Tel.: 372-4408.
Ein hervorragender Platz für Geschäftsleute, die früh zur Abeit gehen. Bester Service und gutes Essen.

Wolfies ($)
2038 Collins Avenue, Miami Beach.
Tel.: 538-6626.
Kaffee, Körbe voller *bagels,* wohlzubereitete Eier. Ein Restaurant mit jüdischer „Deli"-Tradition.

Mittagessen

Big Fish ($)
55 SW Miami Avenue,
Downtown Miami.
Tel.: 372-3725.
Am Miami River gelegen, ist das Big Fish sehr typisch. Fisch-Sandwiches, Eintöpfe mit Meeresfrüchten *(chowders)* und gekühltes Bier.

Brickell Emporium ($)
1100 Brickell Plaza, Downtown Miami. Tel.: 377-3354.
Beliebt bei den Geschäftsleuten der Innenstadt. Schnelle Bedienung und herzhaftes Essen.

Don't Say Sandwich To Me ($).
1331 Washington Avenue,
Miami Beach.
Tel.: 532-6700.
Einer der besten Plätze für dicke, sa tige Hamburger.

Fuddruckers ($)
344 Main Highway, Coconut Grove.
Tel.: 442-8164.
Hamburger, dicke Sandwiches un Riesenportionen Pommes. Blick vo zweiten Stock über Coconut Grove.

Lulu's ($)
1053 Washington Avenue,
Miami Beach.
Tel.: 532-6147.
Elvis-Presley-Memorabilien, südlich Küche mit gebackenen Hühncher Katzenwels, Maisbrot und Erdnuß butter-Kuchen.

Versailles ($)
3555 SW 8 Street, Little Havana.
Tel.: 444-0240.
Ein absolut kubanisches Restauran mit schreienden Farben, gewaltiger Krach und hervorragendem Essen Sangria und herzhafte Bohnensuppe.

Yuca ($)
177 Giralda Avenue, Coral Gables.
Tel.: 444-4448.
Yuca ist ein kohlehydratreiches Ge müse, das in der kubanischen Küch benutzt wird. Aber das Wort bezeich net auch gehobene junge Amerikane kubanischer Abstammung. Wunder volle kubanische Nouvelle cuisine.

Abendessen

Akash ($)
11730 Biscayne Boulevard, North Miami.
Tel.: 448-9691.
Ähnlich wie das Schwester-Restaurant in London, mit indischen Curry-Gerichten, vegetarischer Küche und heißem Brot aus dem Tandori-Ofen.

Cafe Baci ($$)
2522 Ponce de Leon Boulevard, Coral Gables.
Tel.: 442-0600.
Feine norditalienische Küche mit Meeresfrüchte-Spezialitäten. Reservierung erforderlich.

Cafe Chauveron ($$$)
Miamis bestes, preisgekröntes französisches Restaurant. Exquisites Chateaubriand. Reservierung erforderlich, im Sommer geschlossen.

La Caretta ($)
3632 SW 8 Street, Little Havana.
Tel.: 447-0184.
Kubanische Hausmannskost, traditionelles gebratenes Schwein, gebackene Bananen. Rund um die Uhr geöffnet.

Caribbean Room ($$$)
550 Ocean Drive, Key Biscayne.
Tel.: 361-5775.
Feine westindische Küche mit eleganter Note. Reservierung erforderlich.

Christine Lee's ($$)
18401 Collins Avenue, Miami Beach.
Tel.: 931-7700.
Stets hervorragende kantonesische Szechuan- und Mandarin-Küche. Seit Jahren Favorit in Miami. Reservierung erforderlich.

El Inka ($)
1756 SW 8 Street, Little Havana.
Tel.: 854-0243.
Peruanische Küche der Anden, koriandergewürzte *ceviche* and peruanische Klassiker.

Joe's Seafood ($)
400 NW N River Drive, Miami.
Tel.: 374-5637.
Ein rustikales Miami-River-Fischlokal mit kubanischem Flair.

Johnny's ($$)
915 Lincoln Road, Miami Beach.
Tel.: 534-3200.
Norditalienische Küche mit tropischem Flair.

John Martin's ($$)
253 Miracle Mile, Coral Gables.
Tel.: 445-3777.
Ein eleganter irischer Pub, der sich auf „Steak-und-Nieren-Auflauf", gegrilltes Lamm, Kohl und Cornedbeef, Yorkshire-Pudding und eine Auswahl an irischem Whiskey spezialisiert hat.

The Place For Steak ($$)
1335 79 Street, North Bay Village.
Tel.: 758-5581.
Ein Paradies für die Liebhaber von New Yorker Steaks. Zahllose Sorten, – und alles sehr frisch.

Sakura ($)
440 S. Dixie Highway.
Tel.: 665-7020.
Eine freundliche *sushi*-Bar mit guter *miso*-Suppe, *tempura* und *teriyaki*.

Ein herzlicher Empfang „Miami style"

Señor Frogs ($)
3008 Grand Avenue, Coconut Grove. Tel.: 448-0999.
Ein Platz zum drinnen und draußen sitzen mit gutem mexikanischen Essen und eisgekühlten Margueritas.

The Strand ($$)
671 Washington Avenue, Miami Beach. Tel.: 532-2340.
Von traditioneller Küche bis zu Nouvelle cuisine in unterkühlter, intellektueller Atmosphäre. Essen bis zwei Uhr nachts.

Thai Orchid ($$)
9565 Sunset Drive. Tel.: 933-8829.
Perfektes thailändisches Essen in ruhiger Atmosphäre, mit Orchideen und sanfter Musik. Reservierung nötig.

Unicorn Village ($)
2665 NE 207 Street, North Miami. Tel.: 933-8829.
Ein großartiges vegetarisches Restaurant am Wasser, mit angeschlossenem Lebensmittelgeschäft. Gegrilltes Tofu, Pizza und knackig frischer Salat.

Victor's Cafe ($$)
2340 SW 32 Avenue. Tel.: 445-1313.
Eines der letzten eleganten kubanischen Restaurants, mit verfeinerter traditioneller Küche.

Village Inn ($$)
3131 Commodore Plaza, Coconut Grove. Tel.: 445-8721.
Bequem *und* elegant für drinnen und draußen. Fisch im *cajun*-Stil.

In Miami hat sich viel getan seit der Zeit, als sich das Nachtleben auf drittklassige Komödien in den großen Strandhotels beschränkte.

Kunst

Von Oktober bis Mai ist in Miami Saison für klassische Musik. Das beste Orchester der Region ist das **Philharmonic Orchestra of Florida**. Sein Repertoire reicht von klassischen Symphonien bis zu populären Open-air-Konzerten. Tel.: 945-5180. Das **New World Symphony** ist ein Orchester für begabte Nachwuchsmusiker und von beeindruckendem Niveau. Tel.: 673-3330. In der **Greater Miami Opera** treten Künstler aus aller Welt auf. Tel.: 854-7890. Das **Miami Chamber Symphony** spielt Klassik, meist auf dem Gelände der University of Miami. Tel.: 662-6600.

Downtown bei Nacht

Dank der künstlerischen Leitung Edward Villellas, des besten gebürtigen Amerikaners in der Ballettänzerszene der USA, ist das **Miami City Ballet** eine echte Bereicherung der Kulturszene der Stadt. Das lateinamerikanisch imaginierte Ensemble kombiniert klassisches Ballett mit Tango- und Jazzelementen. Es tritt von Oktober bis Mai in Miami auf. Tel.: 532-4880.

Theater

In Miami gibt es mehrere Theater, deren Spielplan in den Lokalzeitungen steht. **The Coconut Grove Playhouse** (3500 Main Highway, Tel.: 442-400) spielt von Oktober bis Juni in einem spanischen Rokokobau aus den Zwanzigern. Das **Minorca Playhouse** (232 Mi-

Das Miami City Ballet probt

norca Ave., Coral Gables, Tel.: 446-1116) hat mehrere Ensembles. Hier finden das jährliche *Florida Shakespeare Festival* und das *Hispanic Theater Festival* statt. September - Juni.

Das **Jackie Gleason Theater of the Performing Arts** (1700 Washington Avenue, Miami Beach, Tel.: 673-8300) ist ein modernes Theater mit 1800 Plätzen. Das kurz TOPA genannte Theater präsentiert von September bis Mai große Broadway-Produktionen. Das **Colony Theater** (1040 Lincoln Rd, Miami Beach, Tel.: 674-1026) ist ein intimes Theater im Art-deco-Distrikt und hat sich auf avantgardistische Dramen, Tanz- und Musikproduktionen spezialisiert.

Abendliche Bootsfahrten

Miami bietet unterschiedlichste nächtliche Bootsvergnügungen, von Restaurantschiffen mit Kerzenlicht bis zu Tiefsee-Charterbooten mit nächtlicher Haijagd. Preise von $10 pro Nase für einen Segeltörn in der Gruppe, bis zu $400 pro Nacht für privat gecharterte Fischerboote. Hier ein paar besonders interessante Angebote:

Restaurantschiffe

CELEBRATION EXCURSIONS
401 Biscayne Boulevard
Bayside Marketplace
Tel.: 445-8456.

Die *Celebration* ist eine Partyyacht für 150 Passagiere und bietet abendliche Rundfahrten an. Sie hat drei Decks, ist knapp 28 Meter lang und hat ein klimatisiertes Unterdeck mit großen Fenstern, eine gut ausgestat tete Bar und eine überdachte Tanzflä che im Freien. Zu einer *Dinner Cruis* fahren Sie um 17 Uhr am Bayside Mar ketplace ab und sind ca. 19 Uhr zu rück. Dienstag bis Sonntag wird auc eine kommentierte Cocktail-Rund fahrt angeboten, die an Miamis Millio närsvillen an der Küste vorbeiführt.

BAYSIDE CRUISES
401 Biscayne Boulevard
Bayside Marketplace
Tel.: 888-3002.

Bayside Cruises bietet Segeltörns au der *Catppalu* und der *Pau Hana* an zwei 15 Meter-Katamaranen. Bier Wein und Snacks werden serviert, un auf Wunsch läuft Musik vom Band Abfahrt täglich um 19 und 21 Uhr.

ISLAND QUEEN
401 Biscayne Boulevard
Bayside Marketplace
oder *400 SE 2nd Avenue*
Hyatt Regency Hotel
Tel.: 379-5119.

Abend auf der „Tropicana“

)urch über 40 Jahren Rundfahrten-rfahrung ist die *Island Queen* eine nstitution auf diesem Gebiet. Die 23 Meter langen Passagierschiffe mit wei Decks bieten von Freitag auf amstag Nachtfahrten an Miamis kyline und dem Millionärsviertel orbei an. Die Touren werden auf nglisch und Spanisch kommentiert nd gehen um 19.30 und 21.30 ab. ußerdem sind noch Diskotrips von reitag auf Samstag im Programm, ie um 21.30 und 23.30 starten.

EAESCAPE
ier 6
ort of Miami
el.: 379-0000
Ver noch nie eine Kreuzfahrt mitge-nacht hat, der kann sich mit SeaEs-ape auf einer der beliebten „Fahrten ns Blaue" einen Eindruck davon ver-chaffen. Diese Fahrten haben etwas

on „Arche Noah" an sich – es sind roßmütter, Spieler, Teenager, Fami-ien, Touristen, Liebespärchen und oyeure an Bord.

)ie Fahrten finden gewöhnlich mitt-ochs und samstags und zwar von 20 is 0.30 Uhr oder 22.30 bis 3 Uhr tatt. Es gibt ein großes Buffet, bei em ein jeder nach Belieben zulangen ann. Live-Unterhaltung, Tanz, Sket-he und Spielkasino sind inklusive.)as Casino öffnet, sobald das Schiff merikanische Hoheitsgewässer ver-issen hat.

Bars/Clubs

In Florida darf man erst ab 21 Jahren Alkohol trinken, daher muß man am Eingang oft seinen Ausweis vorzeigen. Die Bars schließen ab Mitternacht bis spätestens sechs Uhr morgens. Außer für einige extravagante Diskos kann man sich ruhig lässig kleiden.

TOBACCO ROAD
626 South Miami Avenue.
Tel.: 374-1198.
Miamis älteste Bar, ein hervorragen-der Ort, wenn Sie Live-Blues und -Jazz mögen. Souvenirs an den Wän-den, immer voll und verraucht, gutes Essen bis sechs Uhr morgens.

CLUB DEUCE
222 14th Street, Miami Beach.
Tel.: 673-9537.
Eine interessante Bar voller bizarrer Typen aus der Nachbarschaft. Einge-fleischte Trinker fühlen sich hier am wohlsten, nichts für Zartbesaitete.

CACTUS CANTINA
630 6th Street, Miami Beach.
Live-Blues und -Folk in einer gemüt-lichen Bier- und Wein-Schwemme mit gutem mexikanischen Essen.

Hungry Sailor
3064 Grand Avenue, Coconut Grove.
Tel.: 444-9359.
Laute und freundliche Bar mit Einheimischen, Live-Reggae (nur Wochenenden) und Stehplätzen.

The Music Room
804 Ocean Drive, Miami Beach.
Tel.: 531-0392.
Gemütliches Jazzlokal, auch mit bekannten Stars. Gute Musik in lebendiger Greenwich-Village-Atmosphäre.

Doc Dammers Saloon
180 Aragon Avenue
(Colonnade Hotel), Coral Gables.
Tel.: 441-2600.
Elegante und durchgestylte Hotelbar für Erwachsene.

Tropics International
960 Ocean Drive, Miami Beach.
Tel.: 531-5335.
Drinnen und draußen sitzen mit Blick auf den mondbeschienenen Ozean. Live-Reggae, Jazz und Pop und viel Laufpublikum.

Stringfellows in Coconut Grove

Dancing/Discos

Facade
3509 NE 163rd Street,
North Miami Beach.
Tel.: 948-6868.
Laute Disko für Jugendliche.

Jardin Bresilien
401 Biscayne Boulevard,
Bayside Marketplace.
Tel.: 374-4748.
Brasilianische Musik live unter freie Himmel, Samba und Lambada. Gut Essen und extravagante Drinks.

Club Casablanca
2649 South Bayshore Drive,
(Doubletree Hotel) Coconut Grove.
Tel.: 858-5005.
Live-Salsa & Disko bis 5 Uhr, Do - S

Stringfellows
3390 Mary Street, Coconut Grove.
Tel.: 444-7555.
Teure Klamotten auf schönen ta zenden Körpern. Gestylte Disko.

Warsaw Ballroom
1450 Collins Avenue, Miami Beach.
Tel.: 531-4499.
South-Beach-Schwulen-Disko, funky

Ensign Bitters
3399 Virginia Street, Coconut Grove.
Tel.: 445-2582.
Ein durchgestylter Tanz-Klub für E wachsene, die Champagner und se freizügige Kleidung mögen.

)BSESSION
9 NE 79th Street, Miami.
'el.: 756-7540.
:in Little-Haiti-Tanz-Klub mit den esten haitianischen Bands auf dieser eite der Karibik.

'LUB MYSTIQUE
101 Blue Lagoon Drive.
Airport Hilton Hotel).
'el.: 262-1000.
ateinamerikanische Musik live, Salsa, ede Menge hautenger Stoff und kreiende Hüften.

'HURCHILL'S HIDEAWAY
501 NE 2nd Avenue, Miami.
'el.: 757-1807.
Iardrock-Tanz-Klub mit jeder Menge tmosphäre.

;omedy Clubs

IENTAL FLOSS THEATER
'138 Commodore Plaza,
'oconut Grove.
'el.: 448-1011.
:in Experimental- und Improvisaionstheater mit Beteiligung des Pulikums. Brillante Vorstellungen. Geffnet Donnerstag bis Sonntag.

MPROV COMEDY CLUB
'015 Grand Avenue, Coconut Grove.
'el.: 441-8200.
:in Dinner-Klub-Theater mit lokalen nd nationalen Alleinunterhaltern. ;eöffnet Mittwoch bis Sonntag.

COCONUTS COMEDY CLUB
2977 McFarlane Rd, Coconut Grove.
Tel.: 446-2582.
Lokale und nationale Künstler, Nachtbar-Atmosphäre. Geöffnet Mittwoch bis Sonntag.

Cabaret

LES VIOLINS
1751 Biscayne Boulevard.
Tel.: 371-8668.
Bühnenshows zum Dinner, mit Netzstrümpfen und Federn. Eine extravagante südamerikanische Reminiszenz des alten Havanna, wie es einmal war. Montags geschlossen.

CLUB TROPIGALA
4441 Collins Avenue
(Fontainebleau Hotel), Miami Beach.
Tel.: 538-200.
Musik, Bühnentanz, Zauberer, Mi - So.

COPACABANA
3600 SW 8th Street, Little Havana.
Tel.: 443-7020.
Furiose kubanische Kabarettshows, Freitag bis Sonntag.

MALAGA
8740 SW 8th Street, Little Havana.
Tel.: 854-9101.
Spanische Sänger und vibrierende Flamenco-Tänzer.
Dienstags geschlossen.

Feiertage & Ereignisse

JANUAR / FEBRUAR

Das **Orange Bowl Festival** ist Miamis ältestes Fest, bei dem der College-Football-Meister des Landes ermittelt wird. Des Abends eine Parade den Biscayne Boulevard hinunter, mit Festwagen und Schönheitsköniginnen. Tel.: 642-1515.

Art Deco Weekend. Happening am Ocean Drive, bei dem der Art-deco-Architektur von South Miami Beach Reverenz erwiesen wird. Die Hotels sind alle ausgebucht, in den Straßen spielen Bigbands. Tel.: 673-7530.

Coconut Grove Arts Festival. Das Festival ist eines der größten seiner Art im Land und lockt neben professionellen Künstlern die wenigen verbliebenen Hippies an. Tel.: 447-0401.

Miami Film Festival. Eine Woche lang werden an verschiedenen Stellen sehenswerte ausländische Filmproduktionen des jeweiligen Jahres gezeigt. Tel.: 377-3456.

Miami Grand Prix. Internationale Autorennen, das sich vor dem Gran Prix von Monaco nicht zu verstecke braucht. Tel.: 665-7123.

MÄRZ / APRIL

Carnaval Miami/Calle Ocho. Litt Havanas große Party mit Salsa, p kanten Gerichten und organisiert Fröhlichkeit über 23 Häuserblock Hintergrund ist die Feier von Miam hispanischem Erbe, wozu Musik, Th ater und Tanz gehören. Höhepunk ist das *Calle Ocho* genannte Straße fest am letzten Sonntag. Wer unt Klaustrophobie leidet, sollte lieb darauf verzichten. Tel.: 644-8888.

Lipton Tennis Tu nier. Die weltbeste Tennisprofis verwöh nen ihr Publikun Tel.: 446-2200.

Italian Renaissanc Festival. Im Vizcay Museum and Ga dens zeigen Mime Musiker und klass sche Theateraufführ rungen den Glar der italienischen R naissance.

Das Goombay Festi

Calle Ocho in Little Havana

MAI / JUNI

Coconut Grove Bed Race. In Schlafanzug und Nachthemd – manche davon recht knapp – fahren die Teilnehmer des Rennens auf Rollbetten die McFarlane Road hinunter. Der Erlös fließt wohltätigen Zwecken zu, das Publikum geht begeistert mit.

Arabian Knights Festival. In der Stadt Opa-locka, einem arabisch beeinflußten architektonischen Mischmasch aus Minaretten, Kuppeln und Ali Baba Avenue, weist die schwarze Bevölkerung in Kostümen und Masken auf die Geschichte der Stadt hin. Tel.: 953-2821.

Hispanic Theater Festival. Mehrere Wochen lang spanischsprachige Theaterproduktionen aus Spanien und Südamerika. Tel.: 446-1116.

Miami/Bahamas Goombay Festival. Coconut Groves bahama-stämmige Bevölkerung heißt herzlich willkommen zu einem Wochenende mit *junkanoo,* fritierten Muscheln und Musikparaden, die von den traditionellen Feiern zur Sklavenbefreiung auf den Bahamas herrühren. Tel.: 445-8292.

JULI / AUGUST

Everglades Music and Crafts Festival. Tief in den Everglades westlich der Stadt feiern die Miccosukee-Indianer ein Fest mit Alligatorringen, Luftkissenboot-Fahrten, Handarbeiten, Musik und Indianerschmaus. Tel.: 223-8388.

Miami Reggae Festival (August). Die jamaikanische Bevölkerung der Gegend trifft sich an diesem Wochenende zu Rastaman-Klängen, um den jamaikanischen Unabhängigkeitstag mit berühmten Reggae-Musikern im Bicentennial Park zu feiern.

SEPTEMBER / OKTOBER

Columbus Day Regatta. Ein Segelwochenende um den Columbus Day. Über 1000 Segler nehmen daran teil, wobei es mehr um die Stimmung und den Anblick von barbusigen Strandschönen geht. Tel.: 448-7417.

Miami Air Show. Am Opa-locka Airport geben sich Doppeldecker, Bomber und Balancekünstler ein ohrenbetäubendes Stelldichein. Tel.: 685-7025.

Der Miami Grand Prix

Miami Book Fair. Dieses einwöchige Happening aus Lesungen, Vorträgen und Autogrammstunden ist der Traum eines jeden Bibliophilen und beweist immerhin, daß es in Miami ein paar Leute geben muß, die des Lesens mächtig sind. Tel.: 237-345

NOVEMBER / DEZEMBER

King Mango Strut. Das Ulkfest in Coconut Grove nimmt Miamis Politiker und ihre Probleme aufs Korn.

ANREISE

Mit dem Flugzeug

Der **Miami International Airport** liegt sehr zentral, so daß die umliegenden Gebiete in kurzer Zeit – von 10 Minuten nach Coral Gables bis zu 25 Minuten nach Miami Beach – zu erreichen sind. Über 85 Fluggesellschaften fliegen Miami an. Als Dreh-

kreuz in die Karibik und Lateinamerika herrscht auf dem Flughafen oft Hochbetrieb, und die Schlangen für internationale Flüge sind lang. Dennoch ist die Anlage überschaubar, da der Betrieb in einem Komplex untergebracht wurde. Das Gepäck ist i[m] Untergeschoß abzuholen. Außer eine[m] Hotel verfügt der Flughafen über Restaurants, Banken, Wechselstube[n], Bars, Geschäfte und Schließfäche[r], die über alle Hallen verteilt sind. Al[le] Flüge – national wie international – sollte man rückbestätigen. Flughafeninformationen erhalten Sie unter d[er] Telefonnummer 876-7000.

Der **Fort Lauderdale Internation[al] Airport** liegt 45 Autominuten nördlich des Flughafens Miami. Es gib[t] Busverbindungen.

Mit dem Zug

Das Personenzugnetz, das die US[A] überspannt, heißt **Amtrak** und verbindet Miami mit den meisten größere[n] Städten des Landes. Fahrkarten sin[d] teurer als in vielen anderen Länder[n], so daß die Fahrt von New York nac[h] Miami ungefähr soviel kostet wie ei[n] Flugticket zum Normaltarif. Doc[h] wer etwas vom Land sehen will, de[m] bieten die Züge Schlafwagen, Zugrestaurants und einen Service, der fü[r] eine angenehme Reise sorgt.

Ein öffentliches Verkehrsmittel namens **Tri-Rail** verbindet Miami täg

Der Rickenbacker Causeway

lich mit den beiden nördlichen Counties Broward und Palm Beach. In Miami kann man in der Metrorail Station in der 79th Street zusteigen. Informationen unter Tel.: 800-874-7245.

Mit dem Auto
Die Straßen sind ausgezeichnet, und Fahren ist normalerweise kein Problem. Der Florida State Highway ist jedoch langweilig, da es unterwegs wenig zu sehen gibt und das Land ziemlich flach ist. Neben Tankstellen und Restaurants säumen viel zu viele Souvenirläden die Highways.
Die Geschwindigkeitsbeschränkungen liegen je nach Region zwischen 90 und 100 Stundenkilometern und im Stadtgebiet meist bei 50 km/h. Es wird scharf kontrolliert.
Von Miami nach Orlando sind es rund vier Fahrstunden.

Mit dem Schiff
Sollten Sie Miami auf einer Weltumseglung ansteuern, stehen Ihnen über 50 Yachthäfen der Region zur Verfügung, die sich um Segler kümmern und Liegeplätze und technischen Service für jeden Bootstyp bieten. Kreuzfahrtpassagiere, die den **Port of Miami** anlaufen – den größten Kreuzfahrthafen der Welt –, haben das Glück, daß der Hafen nur fünf Autominuten von der Innenstadt entfernt liegt. Ein Zubringer-Busservice ist vorhanden. Informationen über den Hafen erhalten Sie unter Tel.: 371-7678.

REISEINFORMATIONEN

Reisezeit
Miami hat im Winter mehr Besucher als im Sommer. Die Hotels sind in der Saison – von November bis März – entsprechend teurer, Strand, Lokale und Sehenswürdigkeiten überlaufen. Doch das Wetter ist phantastisch und das Freizeitangebot größer. Im Frühling und Herbst ist es ruhiger, im Sommer sieht man mehr Familien und Reisende aus Südamerika.

Allgemeine Informationen
Allgemeine Informationen erteilen das **Greater Miami Convention and Visitor's Bureau**, 701 Brickell Avenue, Miami, Tel.: 539-3000 oder 800-283-2707, oder die **Florida Division of Tourism** in Tallahassee, Tel.: 904-487-1462.

Visa/Papiere/Zollbestimmungen
Ausländer benötigen einen gültigen Reisepaß und – je nach Herkunftsland – teilweise Visa und Impfbescheinigungen. Kanadische Staatsbürger benötigen normalerweise weder Visum noch Paß. Das Einführen landwirtschaftlicher Produkte ist verboten, und da über Miami viel Rauschgift ins Land kommt, sind die Gepäckkontrollen beim Zoll sehr gründlich.

Kleidung

Die Stadt ist so lässig wie ihr Ruf, daher sind Shorts bei Damen wie Herren immer und überall akzeptabel. Nur wenige elegante Klubs und Restaurants verlangen Anzug und Krawatte. Badeanzüge sieht man zwar gelegentlich in Geschäften, doch werden Sie sich damit am Strand wohler fühlen.

KLEINE STADTKUNDE

Klima

Das Wetter ist Miamis größte Attraktion. Die Jahresdurchschnittstempera-

tur liegt bei angenehmen 24° C. Von November bis März sind die Tage warm, die Nächte frisch. Pullover und Windjacke sollte man im Gepäck haben.

Von April bis Oktober sind die Tage heiß, die Nächte mild. Leichte Kleidung und Taschenschirme sind angebracht. Und unbedingt Sonnenschutzmittel, denn mehr als ein Miamiaufenthalt wurde schon durch schlimmen Sonnenbrand verdorben. Breitkrempige Hüte und „Sunblock Lotion“ sind ganz besonders für Hellhäutige zu empfehlen.

Elektrizität

Die herkömmlichen Steckdosen in Miami sind auf 110 Volt angelegt. Es sind aber in den meisten größeren Hotels für den Rasierapparat 22 Volt-Steckdosen vorhanden.

Zeit

In Miami gilt die Eastern Standa Time; in ihrem Bereich ist es sec Stunden später als im Bereich d MEZ. Wenn in Deutschland Sor merzeit herrscht, reduziert sich dies Abstand auf fünf Stunden, aber a letzten Sonntag im April werden c Uhren in Miami bis zum letzten Son tag im Oktober eine Stunde vorg stellt.

Bevölkerung/Geographie

Miami liegt an der Südostküste d USA und damit näher an der Karib als die meisten größeren Städ Amerikas – ein Umstand, der sich Landschaft und Bevölkerung w derspiegelt. Der Großraum Mia liegt im Dade County und besteht a 26 Gemeinden, jede mit eigen Verwaltung. Mit über sieben Milli nen Besuchern im Jahr ist d Tourismus der wichtigste Wirtschaf zweig der Region. Andere wichti Einkommensquellen sind Bankwese Landwirtschaft, verarbeitende Ind strie und Verwaltung. Ein großer T der zwei Millionen Einwohner d Region stammt aus Kuba oder Latei amerika. Etwa die Hälfte spric Spanisch als Muttersprache. Die g sellige und warmherzige lateiname kanische Kultur herrscht vor, do wer genau aufpaßt, kann auch Fra zösisch-Kreolisch und Jiddisch höre Das Christentum ist die am häufigst praktizierte Religion, Judaismus i verbreitet und auch afro-karibisc Kulte wie *Santeria* und *Voodoo*. gibt Kirchen der meisten Glauber richtungen in der Stadt. Sie sind i örtlichen Telefonbuch zu finden.

Wie der Rest des Staates ist au Miami flach. Es liegt durchschnittli drei Meter über dem Meeresspieg

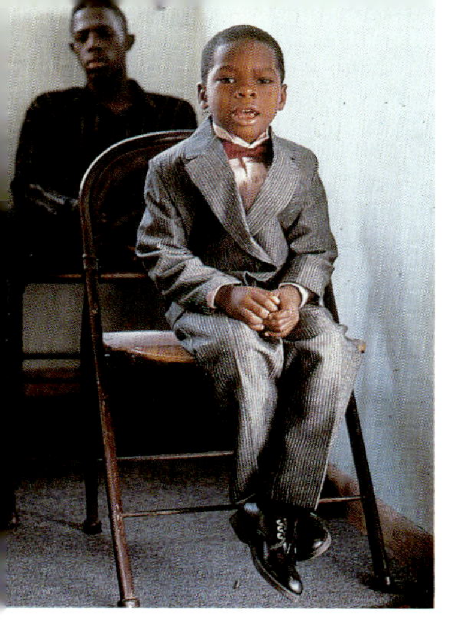

Sonntagsstaat

Die einzigen Erhebungen: Brücken. Die Vegetation ist üppig subtropisch – Bougainvillea, Hibiskus und Jasmin blühen das ganze Jahr über. In vielen Hinterhöfen gedeihen Orangen, Mangos, Grapefruit und Avocados. Exotische Papageien, die es aus der Karibik oder aus einem der Vogelparks der Umgebung hierher verschlagen hat, hört und sieht man allenthalben.

Geldangelegenheiten

Die bekannteren Kreditkarten und Reiseschecks werden größtenteils akzeptiert. Fremdwährungen können Sie in vielen Banken und Wechselstuben wechseln. Eine Wechselstube am Miami Airport ist rund um die Uhr geöffnet.

Die Banken sind montags bis freitags von 9 bis 15 Uhr geöffnet, manche auch samstags vormittags. Geldautomaten finden Sie in den meisten größeren Einkaufszentren.

Trinkgelder sind – wenn auf der Rechnung nicht ausdrücklich vermerkt – nicht inbegriffen. Üblich sind 15 bis 20 Prozent des Rechnungsbetrags. In Florida gibt es eine sechsprozentige Verkaufssteuer.

Hilfsorganisationen

Es gibt viele gemeinnützige Organisationen in Miami. Hier einige Hilfsdienste, die auch Touristen Unterstützung anbieten:

Deaf Services Bureau Tel.: 444-2266 (Taubstumme).

Florida Paraplegic Association Tel.: 945-1092 (Querschnittsgelähmte).

Lighthouse for the Blind Tel.: 865-2288 (Blinde).

Helping Hand of Miami Baby Sitters Tel.: 271-2951.

Alcoholics Anonymous Tel.: 759-6332 (Anonyme Alkoholiker).

Gay and Lesbian Hot-line Tel.: 759-3661 (Homosexuelle).

Vorsicht ist geboten

Miamis Ruf als Stadt des Verbrechens kommt nicht von ungefähr. Obwohl Touristen nur selten mit Kriminalität konfrontiert werden, und dann meist in Zusammenhang mit illegalem Drogenhandel, gibt es tragische Ausnahmen. Seien Sie also lieber vorsichtig. Mietwagen werden gern aufs Korn genommen, und es sind auch schon Autoinsassen ausgeraubt worden. Halten Sie die Autotüren verschlossen, wenn Sie im Auto sind oder es geparkt haben, achten Sie auf Umhängetaschen, und lassen Sie Ihr Gepäck nie unbeaufsichtigt. Ein Gespräch mit Fremden können Sie aber riskieren – wenn Sie übervorsichtig sind, verpassen Sie vielleicht eine nette Bekanntschaft.

Die gebührenfreie Notrufnummer bei Unfall, Überfall oder anderen Notfällen ist 911. Damit erreichen Sie Polizei und Rettungsdienst. Ansonsten erreichen Sie die Polizei ohne Notruf unter Tel.: 595-6263. Bei Diebstahl oder Verlust von Eigentum Tel.: 471-2900.

Gesundheit

Die medizinische Versorgung ist im Prinzip ausgezeichnet, doch da es keine gesetzliche Krankenversicherung gibt, muß der einzelne für die Kosten selbst aufkommen. Bei zahnmedizinischen Fragen Tel.: 667-3647. Walgreens Pharmacy, Tel.: 893-6860, gibt Ihnen die Adresse einer Apotheke mit 24-Stunden-Dienst.

KOMMUNIKATION UND MEDIEN

Post

Die Postämter des Dade County sind montags bis freitags von 8.30 bis 17 Uhr geöffnet, manche auch samstags von 8.30 bis 12 Uhr. Allgemeine Informationen zu Posteinrichtungen gibt es unter Tel.: 599-0166. Alle Postämter haben Expreßdienst, Paketauslieferung und Postlagerung für Briefe und Päckchen an Reisende.

Telefon

Wenn nicht anders angegeben, ist vor allen Nummern die Vorwahl 305 zu wählen. Rufen Sie aus einem anderen Teil Floridas oder einem anderen Bundesstaat an, müssen Sie eine 1 vorwählen. Telefonnummern mit der Vorwahl 800 sind innerhalb der

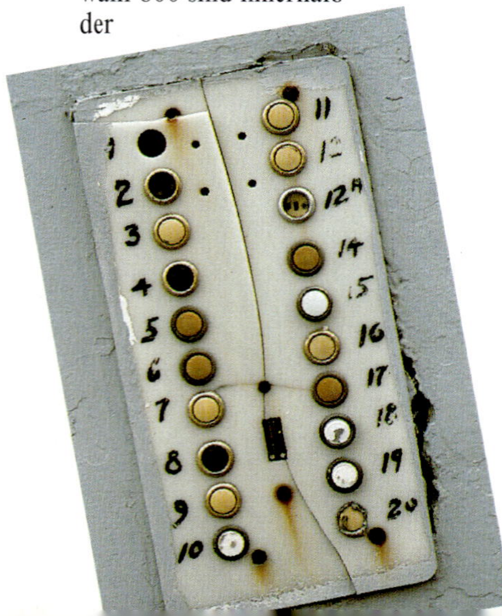

USA gebührenfrei. Information zum lokalen Telefonnetz unter Te 1-555-1212. Ortsgespräche an öffe lichen Fernsprechern kosten 25 Cen

Zeitungen und Rundfunk

Südfloridas größte Zeitung ist d *Miami Herald.* Neben seriösen Lok und internationalen Nachrichten fi den Sie darin täglich die Radio- u Fernsehprogramme der Region. D Freitagsausgabe des *Herald* enthä einen Veranstaltungskalender fü Wochenende. FM-Radiosender bri gen viel Musik, während AM-Send häufiger Nachrichten und Gespräc im Programm haben. Radiosendu gen auf Spanisch, Französisch-Kre lisch und Englisch werden gesendet Miamis alternatives Blatt ist die k stenlose, wöchentlich erscheinen *New Times* mit umfassenden Inform tionen über Lokales, Kulturereigni und Veranstaltungen.

ÖFFNUNGSZEITEN / FEIERTAGE

Die Geschäfte sind gewöhnlich mo tags bis freitags von 9 bis 17 Uhr g öffnet. Trotz spanischer Einflüs wird meist keine Siesta oder Mittag pause gehalten. Größere Einkaufsze tren sind montags bis samstags v 10 bis 21.30 Uhr und sonntags v 12 bis 18 Uhr geöffnet.

Es gelten dieselben Feiertage wie anderen Teilen der Vereinigten Sta ten. Behörden, Läden und Bank sind feiertags geschlossen. Auch d Unterricht fällt an solchen Tagen au weshalb Sehenswürdigkeiten u Strände besonders überlaufen sin Lokale haben jedoch meist geöffne sogar an Weihnachten.

1. Januar: Neujahrstag

15. Januar: Geburtstag Martin Luth Kings

12. Febr.: Geburtstag Abraham Lincol

3. **Montag im Februar:** Geburtstag George Washingtons
Letzter **Montag im Mai:** Volkstrauertag
4. Juli: Unabhängigkeitstag
1. Montag im September: Tag der Arbeit (Labor Day)
2. Montag im Oktober: Kolumbustag
11. November: Tag der Veteranen
4. Donnerstag im November: Erntedankfest
25. Dezember: Weihnachten

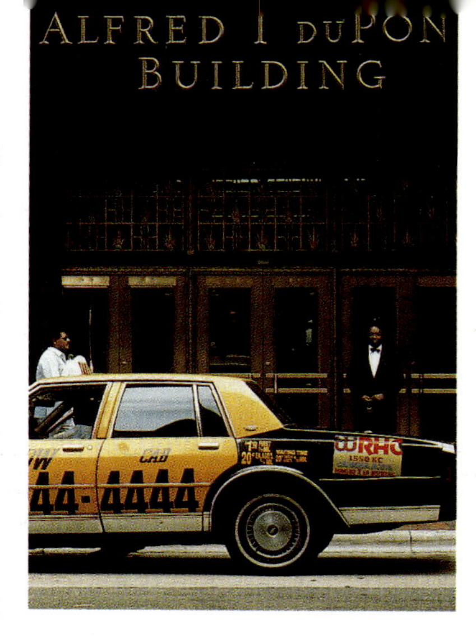

TRANSPORT

Mietwagen

Ohne fahrbaren Untersatz ist man in Miami ziemlich verloren. Autostop st verboten. Die meisten Touristen, die mehr sehen wollen als die direkte Umgebung ihrer Unterkunft, mieten ich ein Auto. Glücklicherweise sind Mietwagen in Florida billiger als onst in den USA.
Das Angebot der Autovermietungen eicht von extravaganten Sportwagen über Kleinbusse zu Sparmodellen. Je nach Jahreszeit und Wagenwunsch kostet ein Auto pro Woche von $79 bis $500. Die meisten größeren Firmen haben eine Filiale am Miami Airport, andere sind über die Stadt verstreut. Die Adressen finden Sie im Telefonbuch. Hier eine kleine Auswahl:
Alamo Rent-a-car 800-327-9633
Avis 800-331-1212
Budget 800-527-0700
Dollar 800-237-4584
Hertz 800-824-9610
Interamerican 800-327-1278
National 800-328-4567

Taxis

In Miami bekommt man nicht so eicht ein Taxi wie in New York. Normalerweise ist eine telefonische Bestellung erforderlich. Dennoch sind Taxis ein angenehmes Fortbewegungsmittel für alle, die sich kein Auto mieten wollen.
Ein Taxistand ist am Miami Airport. Die Fahrten zu den meisten Zielen der Region kosten zwischen $15 und $20. Bei Fahrten vom und zum Flughafen wird ein Dollar aufgeschlagen. Normalerweise gibt es Taxameter. Der Fahrpreis liegt bei etwa $1,25 pro Meile (1,6 Kilometer) – ohne Berücksichtigung der Anzahl der beförderten Personen. Hier ein paar seriöse Taxiunternehmen:
Metro 888-888
Society 757-5523
Super Yellow 885-1111
Tropical 945-1025
Yellow 444-4444
Außer Taxis fährt noch Super Shuttle, ein Kleinbusservice zum und vom Flughafen, rund um die Uhr für bis zu elf Personen. Er ist billiger als ein Taxi. Informationen bekommen Sie unter Tel.: 871-2000.

Öffentliche Verkehrsmittel

Das Dade County besitzt ein Metrobusnetz, an das die meisten Stadtteile angebunden sind. Der Fahrpreis beträgt $1 pro Person, die Fahrzeiten richten sich nach Route und Wochentag. Pläne und Informationen erhalten Sie unter Tel.: 638-6700.

Führungen

Ein einfacher Weg, die Stadt kennenzulernen, sind die einheimischen Reiseunternehmen. Besonders zu empfehlen ist **Old Town Trolley**. Dieser Veranstalter bietet kommentierte Stadtrundfahrten in offenen Trolleys an. Neben Hinweisen auf Sehenswürdigkeiten gibt es Anekdötchen über die Stadt. An bestimmten Stellen können Sie die Rundfahrt unterbrechen. Jede halbe Stunde können Sie am Bayside Marketplace oder einer der 13 anderen Haltestellen zusteigen. Tel.: 374-8687. Die Miami Design Preservation League bietet jeden Samstagmorgen

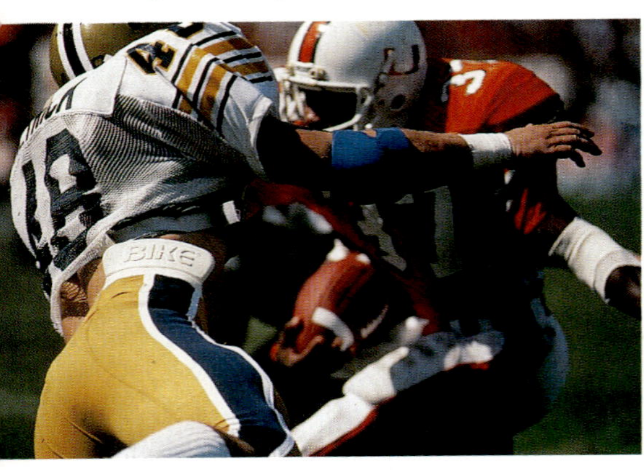

sehr interessante Art-deco-Führungen an, die von Denkmalschützern geleitet werden. Ausgangspunkt ist 1224 Ocean Drive in Miami Beach. Tel.: 672-2014.

Biscayne Helicopters, Tel.: 252-3883, führt Hubschrauberflüge über dem Stadtkern durch, und das Historical Museum of Southern Florida, Tel.: 375-1492, von Historikern geführte Spaziergänge durch viele Gegenden Miamis.

FREIZEIT

Kartenvorverkauf

Die Vorverkaufsstelle für Karten zu den meisten Kultur-, Unterhaltungs- und Sportereignissen ist *Ticketmaste* Für eine kleine Gebühr können Si Karten zu den meisten Veranstaltur gen auf Kreditkarte kaufen, inder Sie sie unter der Nummer 358-588 bestellen und am Veranstaltungsor abholen. Unter der Rufnummer 372 1442 erhalten Sie vom Band laufen aktuelle Informationen über alle Ver anstaltungen.

Sport

Football ist in Miami gleichbedeuten mit den *Miami Dolphins*, Tel.: 62(2578, oder den *University of Mian Hurricanes*, Tel.: 284-2655.

Die Basketballmannscha Miamis heißt *Miami Hea* Informationen über Heim spiele erhalten Sie unter Te 530-4400. 1993 spielen d *Florida Marlins* aus Mian in der Baseball-Nationallig Die Fußballsaison dauer von April bis August, Infor mationen unter Tel.: 85 7477. Die westindische Ge meinde Miamis organisier die meisten der sonntägliche Cricket Matches in der Stad Die Veranstaltungsorte er fahren Sie unter Tel.: 620-0275. D Jai-Alai-Saison geht von Novembe bis September. Das schnelle Spi können Sie im *Miami Jai-Alai Fronto* beobachten. Tel.: 663-6400.

Pferderennen finden auf dem *Cald Race Course* statt, Tel.: 625-131 Einmal im Jahr zum Grand Prix vo Miami, meist Ende Februar, verwar delt sich der Biscayne Boulevard i der Innenstadt in eine Autorennpist Tel.: 662-5660. In und um Mian stehen Hunderte von Tennisplätze zur Verfügung. Bringen Sie also ruhi Ihren Schläger mit. Neben den Tenni anlagen der größeren Hotels kan man einen der 25 öffentlichen Plät mieten. Wo, erfahren Sie beim *Metr*

Das Cavalier Hotel

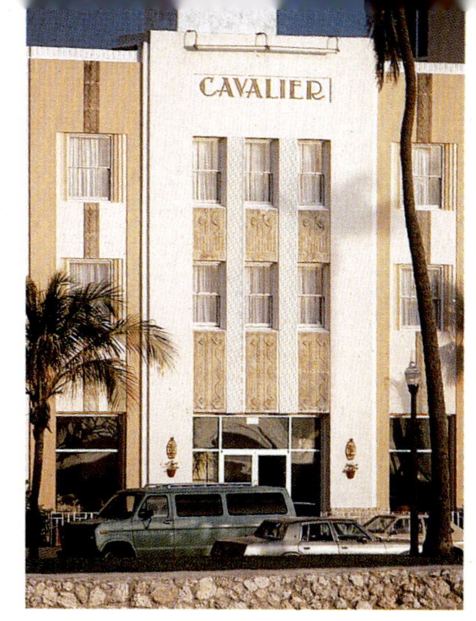

Dade County Parks and Recreation Dept., Tel.: 579-2676.

Golf ist hier ebenfalls ein beliebter Sport. Das ganze Jahr über sind 9- und 18-Loch-Plätze geöffnet. Die Gebühren reichen von $8 bis $40, Reservierungen sind empfehlenswert. Informationen über öffentliche Plätze erhalten Sie unter Tel.: 579-2968.

Mit über 150 Kilometern ebenen, gepflasterten Radwegen ist Miami eine Stadt der Radfahrer. Im Telefonbuch finden Sie Dutzende von Fahrradvermietungen. Da es auf den Straßen von ortsfremden Fahrern nur so wimmelt, sind ein Helm und erhöhte Aufmerksamkeit zu empfehlen. Informationen bei *Dade County's Bicycle/ Pedestrian Program*, Tel.: 375-4507.

Die ruhigen Gewässer der Biscayne Bay bieten gute Bedingungen fürs Windsurfing.

Ausrüstung können Sie bei den vielen Anbietern am Rickenbacker Causeway in Richtung Key Biscayne mieten. Seriöse Vermieter und Trainer finden Sie bei *Windsurfing Places*, Tel.: 361-1225, und *Sailboards Miami*, Tel.: 361-7245.

Fischen

Salzwasserfischen ist von Brücken, Piers und entlang der Küste von ganz Miami möglich. Boote zum Hochseefischen sind in *Haulover Marina, Watson Island, MacArthur Causeway, Bayside Marketplace* und entlang der *Collins Avenue* in Miami Beach zu chartern.

UNTERKUNFT

Es ist nicht einfach, in Miami eine preiswerte Unterkunft zu finden. Die Hotels sind alle relativ teuer. Neben dem Tourismus leben die Hotels auch von zahlreichen Kongressen, weshalb sie höhere Sätze verlangen können. Außerhalb der Saison (April bis Oktober) kann man – außer im Sommer – verhandeln. Fragen Sie ruhig nach einem Nachlaß auf den genannten Preis. Wenn Zimmer leer stehen, läßt so mancher Hotelier mit sich reden.

Die meisten Hotels sind in Miami Beach. In South Miami Beach finden Sie Art-deco-Hotels, kleine Häuser mit tropischem Charme. Am Nordende des Strands liegen größere, noblere Hotels. In Coconut Grove und Coral Gables stehen mehrere gute Hotels zur Auswahl.

In Miami sind die Hotels ausnahmslos klimatisiert. Für Übernachtungen werden pro Zimmer – zusätzlich zur 6,5-prozentigen Verkaufssteuer – noch fünf Prozent Steuer erhoben.

Eine Ausnahme in der teuren Hotelszene Miamis, eine farbenfrohe Anomalie gewissermaßen, ist das **Miami Beach International Youth Hostel**. Es ist in Washington Avenue Nr. 1423 zu finden, im Herzen des South-Beach-Art-deco-Districts. Die Jugendherberge ist ans internationale Jugendherbergsnetz angeschlossen. Die

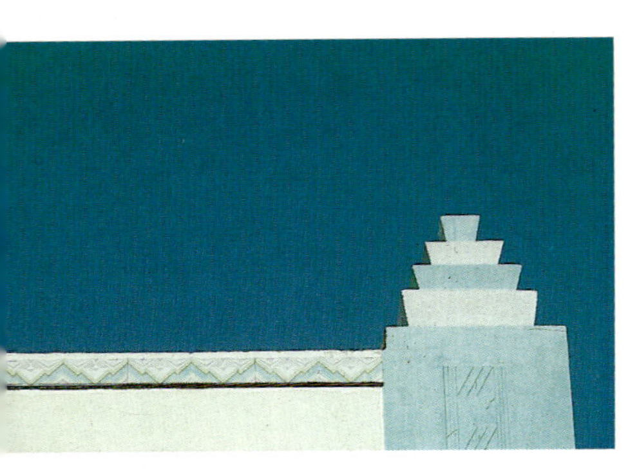

Detail eines Art-deco-Hotels

Schlafsäle sind komfortabel und sauber und mit $10 pro Nacht unschlagbar im Preis. Das historische Gebäude der Herberge war Schauplatz des Debüts des kubanischen Bandleaders Desi Arnaz in den fünfziger Jahren.
Da es in den USA keine Preislisten im europäischen Stil gibt, haben wir für unsere nachfolgende Aufstellung jeweils den niedrigsten Preis fürs Doppelzimmer pro Nacht im Winter angesetzt. Die Kategorien sind: Luxus – über $200, Standard – $100-200 und Preiswert – unter $100.
Geld sparen können Sie, wenn Sie gleich für eine ganze Woche buchen.

Luxus

ALEXANDER
5225 Collins Avenue, Miami Beach. Tel.: 865-6500. Fax: 864-8525.
Apartment-Hotel für Geschäftsreisende. Blick übers Meer, zwei beheizte Pools und Gourmet-Restaurant.

FONTAINEBLEAU HILTON
4441 Collins Avenue, Miami Beach. Tel.: 538-2000. Fax: 673-5351.
Eines der Luxus-Hotels, die Miami Beach in den Fünfzigern berühmt machten. Über 1000 Zimmer, viele davon mit Blick aufs Meer, Pool mit Wasserfällen, gute Restaurants und ein modernes Fitneßzentrum.

GRAND BAY
2669 Bayshore Drive, Coconut Grove. Tel.: 858-9600. Fax: 859-2026.
Vornehmes Hotel im Stil der Maya mit Blick über Dinner Key Marin und aufs Stadtzentrum. Exquisite Ein richtung, Pool, Gourmet-Restaurant

MAYFAIR HOUSE
3000 Florida Avenue, Coconut Grove Tel.: 441-0000 Fax: 446-0147.
Gut gestaltetes Hotel im Herzen vo Coconut Grove. Alle Zimmer mi Schwitzbad, viele sogar mit Klavier.

SONESTA BEACH RESORT
350 Ocean Drive, Key Biscayne. Tel.: 361-2021. Fax: 361-3096.
Gemütliches Strandhotel, Warhol Bilder, Pool, Tennis, Fitneßeinrich tungen, Restaurants.

TURNBERRY ISLE YACHT CLUB
19735 Turnberry Way, North Mian Beach. Tel.: 932-6200. Fax: 937-052
Direkt am Wasser, Yachten, schön Menschen. Tennis, Golf, Fitneßzen trum mit Pool und Restaurants.

Standard

HOTEL MIA
Miami International Airport. Tel. 871-4100. Fax: 871-0800.
Günstigstes Hotel am Flughafen, abe natürlich Fluglärm.

HYATT REGENCY CORAL GABLES
500 Alhambra Plaza, Coral Gables. Tel.: 441-1234. Fax: 443-7702.
Moderner Wolkenkratzer für Ge schäftsleute und Touristen. Mediterra nes Design, Pool, Fitneßzentrum.

Hyatt Regency Miami
400 SE 2nd Avenue, Downtown.
Tel.: 358-1234. Fax: 358-0529.
Moderner Wolkenkratzer, der günstig mitten in der Innenstadt liegt. Aussicht auf die Skyline und die Bucht, Pool, gute Restaurants.

Omni International
1601 Biscayne Boulevard, Downtown.
Tel.: 374-0000. Fax: 374-0020.
20stöckig, über einem größeren Einkaufszentrum. Pool, Restaurants.

Place St Michel
162 Alcazar Avenue, Coral Gables.
Tel.: 444-1666. Fax: 529-0074.
Kleines historisches Hotel im Herzen von Coral Gables, Antiquitäten, Blumen und ein Gourmet-Restaurant.

Sheraton Royal Biscayne
555 Ocean Drive, Key Biscayne.
Tel.: 361-5775. Fax: 361-0360.
Art-deco-Hotel mit Frischwasser-Pool, Restaurants und Wassersport.

Preiswert

Bay Harbor Inn
960 East Bay Harbor Drive, Bay Harbor. Tel.: 868-4141. Fax: 868-4141.
Im Norden von Miami Beach. Pool, Anlegemöglichkeiten für Boote und exzellentes Restaurant.

Cavalier
1320 Ocean Drive, Miami Beach.
Tel.: 534-2135. Fax: 531-5543.
Klassisches, kleines aber feines Art-deco-Hotel mit Blick aufs Meer.

Cardozo
1300 Ocean Drive, Miami Beach.
Tel.: 534-2135. Fax: 531-5543.
Art-deco-Hotel, bei internationalen Models sehr beliebt. Blick aufs Meer.

Essex House
1001 Collins Avenue, Miami Beach.
Tel.: 534-2700. Fax: 532-3827.
Kleines charmantes Art-deco-Hotel.

Everglades
244 Biscayne Boulevard, Downtown.
Tel.: 379-5461. Fax: 577-8445.
Seit vielen Jahren eingeführt, Innenstadt. Günstig zum Einkaufen.

Marina Park Hotel
340 Biscayne Boulevard, Downtown.
Tel.: 371-4400. Fax: 372-2862.
Nur wenige Gehminuten vom Bayside Marketplace. Französische Eigentümer. Dreisprachig, Pool, Restaurant.

Surfside Beach Hotel
8701 Collins Avenue, Miami Beach.
Tel.: 865-6661. Fax: 866-2630.
Komfortables Strandhotel, Museum für amerikanische Oldtimer-Autos. Süßwasserpool, amerikanische Küche.

Camping

Alle Campingplätze besitzen Duschen, Telefon, Grillplätze und Fitneßeinrichtungen. Die drei bekanntesten: KOA North Miami, Tel.: 940-4141; KOA South in eher ländlicher Gegend, Tel.: 233-5300; Larry and Penny Thompson Park Tel.: 323-1049.

D

E

F

G

H

I

J

K

L

M

N

O

P

R

S

T

Visuelle Beiträge

Fotografie **Tony Arruza** *und*
11, 12 o **Historical Museum of Southern Florida/ Tony Arruza**
12 u, 16 ***Miami Herald***
Cover Design **Klaus Geisler**
Kartografie **Berndtson & Berndtson**
Electronic Publishing **Oskar Klappenberger**

Miami und Umgebung
8 km
North Kendall Drive
Kendall Lakes
N. Kendall Dr.
DADELAND SOUTH
KENDALL
Red Rd.
Fairchild Tropical Garden
Matheson Hammock County Park
Southwest Pt.
Cape Florida
Biscayne Channel
New Tamiami Flughafen
South Dade Expwy.
South Dixie Highway
RICHMOND HEIGHTS
(SW 136th St.)
Old Cutler Rd.
Chapman Field Park
Biscayne Bay
Coral Reef
Metro Zoo
Larry and Penny Thompson Park
PERRINE
Eureka Dr.
Intercoastal waterway
Atlantik
4 Monkey Jungle
Quail Roost
(SW 200th St.)
3 Cauley Square
CUTLER RIDGE
GOULDS
BISCAYNE NATIONAL PARK
Silver Palm Dr.
(SW 232nd St.)
Black Creek
Black Point
RAGGED KEYS
Baker Dr.
(SW 264th St.)
5 Orchid Jungle
Bauer Dr.
Goulds Canal
SANDS KEY
Waldin Dr.
Fender Point
Krome Ave. (SW 177th Ave.)
Biscayne Dr.
(SW 288th St.)
Dixie Highway
LEISURE CITY
FLORIDA KEYS
West Dade Expwy.
Mowry Dr.
Coon Pt.
Convoy Point
HOMESTEAD
FLORIDA CITY
Florida City Canal
ELLIOTT KEY
Sea Grape Pt.
Palm Dr.
(SW 344th St.)
Turkey Point

Sebring
River
Peace
Kissimmee
Fort Pierce
Lake Istokpoga
Port Saint Lucia
HUTCHINSON ISLAND
Arcadia
Okeechobee
Stuart
St. Lucie C.
Jupiter
Lake Okeechobee
Indiantown
North Palm Beach
Lake Hicpochee
Riviera Beach
Pahokee
Caloosahatchee
La Belle
West Palm Beach
Belle Glade
Tice
South Bay
Cape Coral
LOXAHATCHEE
Lake Worth
FLORIDA
Lantana
WILD LIFE
Hillsboro Canal
Ft. Myers Beach
RESERVE
Delray Beach
Immokalee
Boca Raton
SEMINOLE
Deerfield Beach
INDIAN
Bonita Springs
Margate
RESERVAT
Hillsboro Beach
THE
Miami Canal
Pompano Beach
BIG CYPRESS
Naples
Plantation
SWAMP
EVERGLADES
Fort Lauderdale
Dania
Hollywood
Copeland
Goodland
Carol City
Hallandale
Miccosukee
Indian
Village
C. Romano
North Miami
SHARK
Everglades City
VALLEY
Hialeah
Miami
TEN
Tamiami Canal
THOUSANDS
Miami Beach
ISLANDS
Coral Gables
Kendall
Goulds
Biscayne Bay
EVERGLADES
Homestead
BISCAYNE NAT. PARK
NATIONAL
Whitewater Bay
PARK
Golf
Northwest Cape
CAPE
von
SABLE
Flamingo
JOHN PENNECAMP PARK
Mexiko
East Cape
Key Largo
Florida Bay
Tavernier
KEYS
Straße von Florida
FLORIDA
Key West
Südflorida
40 km